中国社会科学院创新工程学术出版资助项目

构建扩大内需的长效机制

扩大居民消费对策研究

依绍华 等◎著

中国社会科学出版社

图书在版编目（CIP）数据

构建扩大内需的长效机制：扩大居民消费对策研究/依绍华
等著. —北京：中国社会科学出版社，2018.10
ISBN 978 – 7 – 5203 – 3414 – 3

Ⅰ. ①构…　Ⅱ. ①依…　Ⅲ. ①扩大内需—财政政策—
研究—中国　Ⅳ. ①F812.0

中国版本图书馆 CIP 数据核字（2018）第 252049 号

出 版 人　赵剑英
责任编辑　王　曦
责任校对　王洪强
责任印制　戴　宽

出　　　版　中国社会科学出版社
社　　　址　北京鼓楼西大街甲 158 号
邮　　　编　100720
网　　　址　http：//www. csspw. cn
发 行 部　010 – 84083685
门 市 部　010 – 84029450
经　　　销　新华书店及其他书店

印刷装订　北京君升印刷有限公司
版　　次　2018 年 10 月第 1 版
印　　次　2018 年 10 月第 1 次印刷

开　　本　710×1000　1/16
印　　张　9.75
插　　页　2
字　　数　151 千字
定　　价　46.00 元

凡购买中国社会科学出版社图书，如有质量问题请与本社营销中心联系调换
电话：010 – 84083683

目　录

第一章　我国实施扩大内需政策演进

一　扩大内需政策的提出

改革开放之初，由于当时生产力水平较低，工业基础薄弱，人均收入水平偏低，为加快经济发展，我国逐步确立了外向型经济发展战略，将对外贸易特别是出口作为拉动经济增长的重要手段，并取得了显著成效。

随着改革开放的深入，以及国际经济环境的变化，内需在推动我国国民经济发展中的作用逐渐显现。1997年爆发的亚洲金融危机，对我国经济造成了较大冲击。面对这一情况，在继续实行开放型战略、扩大对外贸易的同时，中央政府做出了将扩大内需作为长期战略方针和基本立足点的重大决策。1998年，时任国务院副总理的李岚清在达沃斯世界经济论坛上的发言，表明决策层已经意识到中国存在内需不足的问题，并会采取措施予以解决。随后，时任国务院总理的朱镕基第一次明确提出了"扩大内需"的构想[1]，同年，在中央经济工作会议上，扩大内需的战略方针被正式提出，并且许多有价值的观点也从战略层面突出了扩大内需政策的重要性。至此，我国扩大内需政策正式出台。

---

① 武力：《中华人民共和国经济史》，中国社会科学出版社2008年版，第261页。

二 扩大内需政策实施过程

在应对亚洲金融危机过程中及其后的很长一段时间里，我国一直采取积极的财政政策，通过增发国债进行基础设施建设，并伴以住房、医疗、教育等领域的经济体制改革。在这一阶段，扩大内需政策以投资为主，成效比较显著，消费尤其是居民消费的启动比较慢，而且住房、医疗和教育等方面的消费支出也在很大程度上拉低了居民的有效消费，使消费在扩大内需中的作用有所下降。同时，为保持较高的经济增速，我国又将经济发展重点逐渐转向对外贸易，一系列促进出口的政策陆续出台，而扩大内需政策，特别是刺激消费的举措并未持续下去，内需对中国经济发展未发挥应有的促进作用。

2008 年以来，由美国次贷危机引发的国际金融危机蔓延全球，我国经济也受到了较大冲击，"三驾马车"之一的出口明显下降，消费增长乏力，投资亟待提振。随着危机的深化，贸易保护主义开始抬头，我国对外贸易的持续增长面临着不利因素。概括来讲，从国内看，人口结构和劳动力供需出现较大调整，劳动力成本不断上升，资源环境约束日趋强化，支撑我国外贸增长的一些基础性因素正在逐步削弱；从国际环境看，金融危机尚未结束，世界经济增长明显放缓，全球贸易增速大幅回落，风险因素增多，经济低迷可能要持续一个较长的时期。因此，我国要保持经济平稳较快发展，避免出现大起大落，只能更加依靠国内市场。[①] 传统上以外需为主的经济增长模式逐渐转向依靠内外需协调发展的轨道上来。在此背景下，"扩大内需"战略再次被委以重任，作为推动中国经济发展的关键手段再次出台。本轮扩大内需政策的实施力度较之前有所加大，如 4 万亿元救市计划，家电下乡，地方政府发放"消费券"政策，出台十大产业发展规划，等等，多种维持经济稳定增长的方法不断涌现，也预示着中国经济发展战略逐渐进入新的历史阶段，即实施扩大内需战略阶段。

2010 年以来，中央一系列会议和文件的提法表明我国扩大内需

---

① 郭斐然、陈昭：《实现内外需良性互动的经济发展格局》，《求是》2012 年第11 期。

政策内容更加丰富，重点逐渐向提升消费在经济发展中的基础性作用转变，实现高质量成为经济发展的主基调。具体来看，2010—2015年，中央对于需求问题先后有过"着力扩大国内需求""积极释放有效需求""坚持扩大内需战略""释放内需潜力""注重扩大消费需求"等多种表述。此阶段的政策取向侧重于做大内需总量、优化内需结构（包括消费和投资的相对比重，政府消费和居民消费的相对比重，政府投资和民间投资的相对比重）。2015年以来，中央对于需求问题的表述持续使用"以推进供给侧结构性改革为主线，适度扩大总需求"，直到2018年4月23日，中央政治局会议在分析研究当前经济形势和经济工作时提出"把加快调整结构与持续扩大内需结合起来"。由此可见，此阶段的政策取向是强调扩大内需在解决制约经济持续向好的结构性问题当中应发挥重要作用，强调扩大内需政策与供给侧结构性改革应相互配合、协调推进。当前应认识到长达30多年的以出口驱动和投资驱动为主的经济增长模式已转变为消费驱动型经济，中国经济已由高速增长阶段转向高质量发展阶段，服从并服务于高质量发展，理应成为新时代扩大内需的基本遵循和最终归宿。

三　扩大内需对经济发展的作用

扩大内需政策是同我国经济发展实际紧密相关的，事实上，内需也是保证中国经济持续稳定增长的关键要素。长期以来，外向型发展模式对我国经济发展发挥了巨大推动作用，但是随着国际国内宏观环境的变化，我国经济已经从起飞阶段步入工业化中后期，经济总量已经达到世界第二，占到世界经济总量的15%，依赖外向型经济支撑整个宏观经济运行的经济发展模式已经不符合当前的国情，在稳定出口的同时，必须要将扩大内需作为中国经济增长的重要动力，因此经济发展方式和战略方针的转变也是大势所趋。

历史经验也证明，内需和外需在一国不同经济发展阶段发挥的作用也会不同。一般情况下，外需拉动在一国经济起飞阶段发挥巨大作用，经济繁荣程度达到一定水平后，内需将在经济发展中发挥更大作用。基于此，自2008年金融危机后，我国也遵循经济发展的客观规

律，兼顾内外需共同发展，并在"十三五"规划中将扩大内需作为
长期发展战略。党的十八大以来，我国政府先后提出"以推进供给侧
结构性改革为主线，适度扩大总需求"[①]，"注重引导预期，把加快调
整结构与持续扩大内需结合起来，保持宏观经济平稳运行"。[②]

　　因此，扩大内需尤其是扩大消费将成为我国转变经济发展方式、
增强经济增长内生动力的重要内容。基于居民消费在扩大内需战略中
具有的重要地位，本书将以扩大居民消费作为研究重点。

---

　　① 《中共中央政治局召开会议　分析研究 2017 年经济工作》，《经济参考报》，ht-tp：//www. jjckb. cn/2016 − 12/09/c_ 135893794. htm。

　　② 《中共中央政治局召开会议　分析研究当前经济形势和经济工作》，《人民日报》，http：//paper. people. com. cn/rmrb/html/2018 − 04/24/nw. D110000renmrb_ 20180424_ 2 −01. htm。

第二章 扩大内需的理论基础及相关研究

一 国外相关理论研究

（一）凯恩斯经济理论

凯恩斯理论是在资本主义经济危机条件下应运而生的。20 世纪20 年代末期资本主义陷入经济、社会全面危机，1929 年经济大萧条对社会造成强烈冲击和影响，而传统经济学难以解决当时的现实问题，学界陷入反思。凯恩斯于 1936 年发表《就业、利息和货币通论》，提出有效需求不足的观点，对资本主义社会的经济问题提供了较为有效的解决方案，并逐渐形成凯恩斯理论。凯恩斯详细阐述了政府需要运用财政政策对经济活动进行干预的主张，其原因在于资本主义自由竞争的市场机制不能保证供求均衡，而且是经常处于有效需求不足、低于充分就业均衡水平的情况。凯恩斯认为"有效需求不足"的原因包括：①边际消费倾向偏低造成消费需求的不足，高收入阶层边际消费倾向偏低更为明显；②由于投资收益率和利率之间存在差距，储蓄不一定能转化为"平行的投资"。当面临短期"有效需求不足"时，凯恩斯主张运用财政政策和货币政策来刺激需求，以达到消除危机和失业、保持社会稳定的目的。

凯恩斯强调了消费在社会经济运行中的重要作用，提出边际消费倾向递减规律，并最早建立了消费函数理论，对资本主义社会的长期消费趋势进行了分析。

（二） 马克思经济理论

马克思在批判吸收古典经济学理论的基础上，把社会再生产过程看作由生产、分配、交换、消费四要素构成的统一体，在《〈政治经济学批判〉导言》中对四要素之间的相互关系和相互作用，进行了全面、精辟的论述，指出生产决定分配、交换和消费，但分配、交换、消费之间，除了相互影响，也影响生产[①]。马克思认为消费是生产的最终目的和归宿，消费不仅关系到劳动力的再生产，还关系到社会产品的最终实现，因此"消费的需要决定着生产"[②]，消费需求对整个社会经济发展具有巨大的拉动作用。

（三） 供给理论

20 世纪 70—80 年代西方国家普遍面临"滞胀"问题，推动以治理"滞胀"为核心的多种经济理论应运而生，其中在财政政策方面最有影响的是供给学派。供给学派理论的核心是"减税"，该理论认为，问题的关键不在于需求，而在于供给不足：过高的税率增加了投资成本，降低了劳动者的实际收入。资本与劳动供给的减少导致社会总供给的减少。拉弗曲线显示：当税率未达到某一点时，随着税率提高，供给量因经济活动增加而增长，税收也因此而增加，税率与供给量及税收之间呈正相关；而税率超过这一点以后，税率与供给量及税收之间呈负相关，随着税率的进一步提高，供给量与税收反而越来越少。因此，供给学派主张，政府应该实施减税政策来增加供给。

（四） 混合财政政策研究

20 世纪 90 年代以后，国际、国内经济环境变化频繁，运用财政政策干预经济活动呈扩散之势。当一国因各种原因导致经济增长出现放缓的迹象时，无论是发达国家还是发展中国家几乎无一例外都采用

---

① 尹世杰：《消费经济学》，高等教育出版社 2004 年版，第 8 页。
② 《马克思恩格斯选集》第二卷，人民出版社 1972 年版，第 102 页。

财政刺激政策。有的国家继续采用凯恩斯的需求管理政策，如日本政府在整个经济低迷时期都是通过赤字预算扩大政府支出的扩张性财政政策刺激经济，对中低收入者进行减税以及为鼓励高科技企业的发展而对其进行减税。而更多的情况则是扩大财政支出与减税"双管齐下"的混合财政政策，典型的是德国和东亚部分国家。与以往有所不同，20 世纪 90 年代各国在运用财政政策干预经济的时候，更加注重不同宏观经济政策的配合与协调。

总之，国外扩大内需的研究成果侧重于经济政策的实施对于内需的影响，主要围绕财政政策和货币政策效应及政府宏观调控方面进行研究。但是没有解决如何通过改善民生来促进内需持久扩大的问题。

二 国内扩大内需相关理论研究

国内有关扩大内需的研究从亚洲金融危机以后逐步开展，国内学者对扩大内需政策进行了大量研究，取得了丰富的研究成果。2008年国际金融危机爆发再次凸显我国内需不足，扩大内需再次成为政策强调的重点和理论热点，成果也日益丰厚，并且形成了相应的政策建议和主张。首先，从国家决策层面来讲，扩大内需已经被确定为我国经济发展的根本立足点和长期战略方针。其次，在扩大内需的必要性、原因、解决问题的途径等方面出现了很多观点。

在扩大内需的必要性上，学界主要观点有三：一是改革开放以来，我国经济增长的主要动力来源于投资和出口，尤其在 1998 年中央实施扩大国内需求的政策后，投资对经济增长的拉动效果更加显著；二是我国对外贸易依存度不断走高，加大了我国经济社会发展的风险；三是拉动经济增长的"三驾马车"有两驾，即出口和投资（非政府性）陷入泥潭，而消费车轮缓缓向前，扩大内需有巨大的潜力。

在内需不足的成因上，主要观点有：投资需求增长过快导致总需求结构失衡。居民消费率增长缓慢的主要成因：一是追求经济高增长目标的评价机制问题；二是收入分配体制及结构问题；三是劳动收入占比增长较慢问题；四是农村居民消费能力相对较低问题；五是消费品市场的供给结构矛盾问题；六是社会贫富分化问题。

在扩大内需的途径方面，代表性的观点有：一是消费投资比例关系大致是合理的，在保持适度较高投资率的同时，适度提高消费水平；二是投资和消费双启动，把消费放在首位，即保持投资和消费持续、协调发展，采取有效措施鼓励和促进消费，扩大消费需求对经济增长的作用；三是适度降低投资率，适度提高消费率，充分发挥消费需求的导向和拉动作用。另外还有学者从提高消费需求的角度提出扩大内需的途径，代表性的观点有：调整收入分配政策，增强居民消费能力；优化供给结构，增加有效供给，满足居民消费需要；深化投资体制改革，建立严格的投资约束机制；改革行政管理体制和税收体制。具体内容如下。

（一）不确定性的心理预期

市场经济具有不确定性，例如，市场竞争会导致优胜劣汰，生产过剩会导致经济周期性波动。中国处于由传统计划经济向社会主义市场经济转型过程中，社会结构变动尤为剧烈。中国进行渐进式改革，政策不断调整，现阶段的不确定性比较强。消费者根据现实变化，结合自身情况，形成关于未来的不确定性的心理预期，倾向于储蓄而不是消费。不确定性会对消费者行为产生很大的影响，学者们进一步详细探讨了不确定性的成因和影响。

多数学者认为，支出和收入的不确定性及其变化对居民消费的影响至关重要，流动性约束本身使得支出和收入的不确定性增强。例如，万广华、张茵、牛建高（2001）[1] 认为改革前居民较少受到流动性约束[2]的影响，因为计划经济时期利率和工资固定不变，医疗保健、教育、住房和退休金由政府提供和管理。稳定的经济环境，使居民没有必要进行谨慎储蓄，经济改革导致中国居民消费行为发生了本质变化，导致流动性约束对居民消费行为的影响增加了一倍以上，而不确

---

[1]　万广华、张茵、牛建高：《流动性约束、不确定性与中国居民消费》，《经济研究》2001 年第 11 期。

[2]　流动性约束，是指经济活动主体（企业与居民）因其货币与资金量不足，且难以从外部（如银行）得到，从而难以实现其预想的消费和投资量，造成经济中总需求不足的现象。释义来源于百度百科。

定性因素则成为决定消费变化的另一因素。消费者的异质性以及流动性约束与不确定性因素之间的相互作用进一步加剧了流动性约束与不确定性对居民消费的影响，导致了现期消费水平与预期消费增长率的下降。赵晓英、曾令华（2007）[①] 认为支出的不确定性和收入的不确定性及其变化对居民消费影响很大。在收入不确定性中起主要作用的是劳动收入的不确定性。罗楚亮（2004）[②] 认为，收入不确定性、失业风险、医疗支出不确定性及教育支出等因素对城镇居民的消费水平具有显著的负效应，因此，增强政策的可预见性、完善社会保障制度等措施对化解居民收支风险将具有重要作用。除不确定性外，中国经济也发生了一些其他变化，并对居民的消费行为产生了影响。消费结构的转变（耐用消费品需求增多）和信贷尤其是短期信贷市场的诸多限制，使得居民的消费因无足够的流动性而呈现跨期消费的状况，这就不可避免地出现强制性储蓄问题。

我国作为一个传统农业大国，同时也是一个非常典型的城乡二元社会，城乡之间存在较大差距。但是农民是国民的主体，数量巨大，而且消费倾向很高，农村居民对消费的作用不容小觑。臧旭恒等（2004）[③]、罗楚亮（2004）[④]、朱信凯（2003）[⑤] 都对我国农民收入的不确定性进行了研究，认为农民收入的不确定性导致农民出现严重的预防性储蓄倾向，从而限制了农民消费。

综上所述，许多学者认为不确定性对居民消费有限制作用，这种不确定性既包括劳动收入的不确定性，也包括支出的不确定性。在支出方面，计划经济时期由政府支出的项目，如就业保障、医疗、教育、住房，都逐步转由个人和家庭支付，居民形成支出将会增长的预

[①] 赵晓英、曾令华：《我国城镇居民投资组合选择的动态模拟研究》，《金融研究》2007 年第 4 期。

[②] 罗楚亮：《经济转轨、不确定性与城镇居民消费行为》，《经济研究》2004 年第 4 期。

[③] 臧旭恒、裴春霞：《预防性储蓄、流动性约束与中国居民消费计量分析》，《经济学动态》2004 年第 12 期。

[④] 罗楚亮：《经济转轨、不确定性与城镇居民消费行为》，《经济研究》2004 年第 4 期。

[⑤] 朱信凯：《中国农户消费函数研究》，中国农业出版社 2003 年版。

期。由于中国存在流动性约束，消费者的不确定性无法通过信贷得以对冲。根据以上理论，消费者在实际行动中需要增加预防性储蓄，减少消费。为此，多数学者认同在消除不确定性方面的主要措施是完善社会保障制度。

（二）户籍制度障碍

中国有一个非常特殊的社会现象——户籍制度，中国城乡之间、不同地区之间的不同户籍享受不同的基本公共服务。由于中国处于快速城镇化进程，形成了从农村到城市、从中小城市到特大城市的人口迁移。户籍制度的存在，使得我国流动人口在经济转型过程中处于相对"尴尬"的地位。

多数学者认为，户籍制度的存在本身可能对消费产生一定的抑制作用。陈斌开等（2010）[①] 认为城市化进程的加快能够拉动居民消费，不管是因为制度还是人口结构等因素，从结构变化的视角来解释总体消费率和储蓄率的变化都是不可忽视的，尤其是在当今世界，越来越多的人是出生地和居住地不同的移民，理解这部分人与原住民之间的行为差异是非常重要的。巴曙松（2006）[②] 认为户籍制度所导致的消费异质性问题越发严重，作为一个处于转型阶段的发展中国家，特殊的结构因素对居民的消费和储蓄行为产生了重要的影响。农业剩余劳动力以务工、经商方式向城镇转移，加快城市化进程，使得农村居民摆脱传统的消费方式，逐步向城市居民的消费方式转变，这对于解决农村消费问题有着特别重要的意义。陈斌开等（2010）[③] 通过测算，发现户籍制度放松将导致居民消费水平的大幅度提高，由此认为户籍制度改革是促进消费、增强内需的有效手段，关系到中国经济增长方式的转变，外来劳动力面临的社会保障不健全、自身流动性倾向高以及较强的信贷约束，使得他们的边际消费倾向低下。

可见，多数学者认同户籍制度的存在对居民消费产生了一定的抑

---

① 陈斌开、陆铭、钟宁桦：《户籍制约下的居民消费》，《经济研究》2010 年增刊。
② 巴曙松：《增加消费成宏观政策重点》，《人民日报》2006 年 3 月 13 日。
③ 陈斌开、陆铭、钟宁桦：《户籍制约下的居民消费》，《经济研究》2010 年增刊。

制作用，放宽户籍制度将会导致居民的消费大幅提高，由此得出户籍制度改革是拉动内需、促进消费的有效手段的结论。

（三）高储蓄率导致消费不足

在收入既定的情况下，消费与储蓄存在此消彼长的关系，对于家庭或个人来讲储蓄也称为跨期消费，对于消费与储蓄的黄金分割点处于什么位置，不同的主体因其所面临的经济环境、预期收入等不同而呈现出明显的差异性。我国存在着高储蓄、低消费的经济现象，对于这一经济问题出现的原因，普遍的理论解释是我国的经济转型尤其是市场经济体制的改革使居民存在预防性储蓄动机。

针对预防性储蓄的讨论，现有相关的研究主要集中在以下三个方面。一是预防性储蓄的存在性，例如，龙志和等（2000）[1] 对我国城镇居民进行实证研究，结果显示我国城镇居民具有显著的预防性储蓄动机；宋铮（1999）[2] 认为我国经济体制的改革使得居民未来收入的不确定性大大增加，由此将我国近年来居民储蓄高速增长归因于居民进行了更多的预防性储蓄。二是预防性储蓄存在的原因或影响因素，王德文等（2004）[3] 研究发现人口年龄结构对储蓄率具有显著的负向影响；万广华等（2003）[4] 认为农村居民存在预防性储蓄动机，并且其与流动性约束以及工业化等对储蓄率的上升均有相当大的贡献；巴曙松（2006）[5] 认为，政府集中了很多资源，企业留存的未分配利润的累积，导致了这两个经济部门较高的储蓄率，自然影响最终消费率的提高和消费的扩大，因此要真正实现消费的扩大，不能单纯寄希望于居民，还需要通过特定的政策措施来降低政府和企业的储蓄率。三

---

[1]　龙志和、周浩明：《中国城镇居民预防性储蓄实证研究》，《经济研究》2000 年第 11 期。

[2]　宋铮：《中国居民储蓄行为研究》，《金融研究》1999 年第 6 期。

[3]　王德文、蔡昉、张学辉：《人口转变的储蓄效应和增长效应——论中国增长可持续性的人口因素》，《人口研究》2004 年第 5 期。

[4]　万广华、史清华、汤树梅：《转型经济中农户储蓄行为：中国农村的实证研究》，《经济研究》2003 年第 5 期。

[5]　巴曙松：《为什么扩大消费成为宏观政策重点之一》，新浪财经，2006 年 2 月 27 日。

是预防性储蓄的强度和差异性，James Riedel 等（2007）[①] 认为，在当前政府鼓励居民多消费、少储蓄政策的经济逻辑还不是十分清楚的状况下，一个更可取的方式是通过金融业的开放，使公司和居民更易获得银行信贷和参与资本市场，并在决定金融产品的价格上赋予市场更多空间。甘犁等（2010）[②] 认为由不确定性所带来的居民消费预防性储蓄动机已居于居民储蓄意愿的首位，加上人口结构的变化，居民出于养老和防病的预防性储蓄动机也在增强；同时，我国传统文化提倡节俭和量入为出的消费观念以及我国金融发展水平滞后等因素迫使居民储蓄。

关于预防性储蓄出现的原因的解释，定性研究和定量研究得出的结论却表现出明显的差异性。定性的研究基本上都认为，我国经济体制转型和收入分配体制改革，加之医疗、教育、养老等社会保障体制的不健全使得居民的预期收入的不确定性和未来支出的不确定性大大增强，使得居民产生显著的预防性储蓄动机。但定量的研究却得出大相径庭的结论，如杨汝岱等（2009）[③] 认为，将居民的预防性储蓄行为归因于对收入和支出的不确定性预期这种分析方法比较粗糙，缺乏规范和详细的定量分析；无论是医疗体制改革还是国企改革、住房改革均只涉及城镇居民，这就难以解释农村居民预防性储蓄动机的增强。杨汝岱等（2009）[④] 根据高等教育改革的全国影响力，考察了其对居民消费行为的影响，结果显示，相对于改革前，高等教育改革对居民消费有显著的挤出效应，使得居民的边际消费倾向明显下降，预防性储蓄动机增强。

（四）投资与消费的关系

长期以来，投资带动经济增长，高储蓄率、高投资率是中国经济

---

① James Riedel、金菁、高坚：《中国经济增长新论：投资、融资与改革》，北京大学出版社 2007 年版。

② 甘犁、刘国恩、马双：《基本医疗保险对促进家庭消费的影响》，《经济研究》2010年增刊。

③ 杨汝岱、陈斌开：《高等教育改革、预防性储蓄与居民消费行为》，《经济研究》2009 年第 8 期。

④ 同上。

发展的显著特点。投资率或积累率一直处于较高水平，而最终消费率
却远远低于国际平均水平。从社会总需求的视角来看，消费与储蓄之
间应该保持恰当的比例关系，即由储蓄转化的投资在能够保证社会再
生产和经济长期平衡增长的同时，消费能够支撑总需求而不至于出现
内需不足或供大于求的局面。

关于总需求放缓的深层次原因，国内学者做了较为深入的分析。
周天勇（1999）[①]认为，中国总需求萎缩的深层病因是融资体制、工
业资本有机构成、城乡二元经济结构、消费结构等变迁过程中收入、
储蓄、投资、消费等经济流程发生梗阻。杨春学等（2004）[②]认为，
由于中国处于经济转型期，储蓄转化为投资的行为并没有完善的市场
机制，这导致居民收入中本来应该被消费掉的部分，也作为储蓄滞留
起来，使得积累和消费的比例失调，同时，如何分流储蓄实现消费与
投资的总需求视角最优直接关系到经济的萎缩或扩张。

关于我国高储蓄现象存在的原因，杨春学等（2004）[③]认为消费
比例的提升不会导致经济增长率的下降，因此，以增加消费的方式应
对总需求的不足，不会因为储蓄的下降而抑制投资，甚至可以说，在
劳动力等资源大量闲置的条件下，提振消费需求还可以刺激企业的投
资。然而，James Riedel 等（2007）[④]认为，旨在降低中国经济增长
对投资的依赖，转而强调依靠内需的政策，缺乏坚实的经济学理论基
础。从短期来讲，支出的波动确实影响增长率，而从长期来讲，增长
却是由供给带动的，主要是来源于投资和由投资产生的技术进步以及
生产力的提高。事实上，没有投资就不可能有长期的增长，无论需求
来自何方。

（五）供给与消费的关系

针对我国经济中消费需求不足、政府主导型投资引发的生产能力

---

① 周天勇：《总需求萎缩的深层梗阻及其扩张途径》，《经济研究》1999 年第 1 期。
② 杨春学、朱立：《关于积累与消费比例问题的主要理论框架》，《经济学动态》2004
年第 8 期。
③ 同上。
④ James Riedel、金菁、高坚：《中国经济增长新论：投资、融资与改革》，北京大学
出版社 2007 年版。

过剩问题，多数研究者认为，我国已基本上扭转了计划经济时代短缺的供给局面。因此，国内相关的研究视角基本上集中于内需不足和居民消费需求不振的现实经济问题上，而关于供给不足或对应部分市场目标消费群体存在供给断层问题的研究比较少。

袁志刚（1997）① 从住房供给的角度探讨了供给不足的问题，认为在住房配置双轨体制下，住房的供给在某一阶段是不连续的，这种供给的不连续使得居民的许多潜在住房需求无法得到满足。他通过对我国商品住宅市场潜在需求和有效需求的分析，发现在我国计划低价配置分房和市场高价配置住房的双轨体制下，居民支付意愿基本处于计划配置住房价格和市场配置住房价格之间，而市场上实际上无这类价格住房的供给。

关于消费信贷，粟勤（2001）② 认为影响消费信贷供给的因素包括消费信贷的经营成本、消费信贷的风险（信用风险、流动性风险、利率风险和提前偿付风险）以及消费信贷的价格。周脉伏（2000）③ 认为消费信贷的供给主要取决于成本、风险和资源约束三大因素，消费信贷的供给者——银行，作为理性的市场主体，要追求自身利益最大化，同时，由于理性有限，又存在信息不对称，导致消费信贷的供给不足。

巴曙松（2006）④ 认为，不同收入阶层的消费需求和消费倾向存在很大的差异，要想提高整体消费，就必然要针对不同的收入群体提供差异化的解决方案即开发不同的消费热点，使他们能够更多地消费各自收入群体所热衷的产品和服务。因此，要把不同收入层次的消费者进行未来需求的细分，提供更多"量体裁衣"的消费品。

根据生命周期理论，完善的金融资本市场对于居民实现跨期平滑消费具有重要的支撑作用。我国金融信贷限制等使得消费信贷整体呈

---

① 袁志刚：《对当前我国商品住宅市场需求的分析》，《世界经济文汇》1997 年第 2 期。
② 粟勤：《消费信贷》，中国时代经济出版社 2001 年版。
③ 周脉伏：《对"消费信贷"供给与需求的分析》，《山东农业大学学报》2000 年第 4 期。
④ 巴曙松：《为什么扩大消费成为宏观政策重点之一》，新浪财经，2006 年 2 月 27 日。

现出供给不足的状况。信贷的抑制使得居民的流动性约束加大、储蓄倾向增强，导致消费谨慎，金融信贷尤其是消费金融信贷不足有多方面的原因。姜楠华（2002）[①] 认为就商业银行而言，应加快建立一整套农村信贷发展思路，重视与有关部门的合作，共同策划，努力形成消费信贷的有效供给。袁志刚（1997）[②] 认为，金融制度的完善对商品住宅市场需求的形成至关重要，因此，要特别强调金融业对房地产的参与和支持要从投资领域转到消费领域。

（六）财政政策作用

关于财政政策促进消费的相关研究，主要集中在两个方面：①通过减免税收来增加居民收入；②通过财政支出来带动消费。当然，由于中国情况比较复杂，各地区、各行业对于财政政策的反应不尽相同，有学者也针对此问题进行了研究。

财政政策通常通过政府支出和税收政策等调节社会总需求，进而实现经济平稳增长。税收政策涉及税制结构的调整，征税和减税尤其是涉及居民的可支配收入的个人所得税的调整会对个人的收入产生重要的影响，收入的变化必然引发消费行为的变化。由此，黄威和丛树海（2011）[③] 认为，完全依靠市场力量实现居民消费需求的自发性快速增长非常困难，政府必须采取相应的财政政策措施进行刺激和引导。潘彬等（2006）[④] 运用时间序列数据和城乡居民家庭资料进行实证分析，结果显示政府购买性支出与居民消费有互补关系，由此认为，实施积极的财政政策，尤其是合理扩大政府支出规模，对于刺激公共消费与私人消费均具有积极作用。

事实上，实证分析结果表明，财政政策的实际执行效果不仅存在

---

① 姜楠华：《关于我国金融业经营模式的现实思考》，《金融理论与教学》2002 年第 3 期。

② 袁志刚：《中国居民住宅消费前沿问题研究》，复旦大学出版社 1997 年版。

③ 黄威、丛树海：《我国财政政策对居民消费的影响：基于省际城乡面板数据的考察》，《财贸经济》2011 年第 5 期。

④ 潘彬等：《政府购买与居民消费的实证研究》，《中国社会科学》2006 年第 5 期。

较为明显的城乡差异，还存在显著的地区差异。黄威和丛树海（2011）① 对我国东、中、西部三大地区进行了实证分析，结果显示，农村居民对财政政策变化更为敏感，而地区间又存在明显的差异性，对于中部地区农村居民来讲，财政支出政策总体上不利于农村居民消费的提升；而紧缩政策对西部地区的农村居民具有明显的挤入效应，对城镇居民表现为挤出效应；对东部地区表现为明显的凯恩斯效应，即财政支出增加能够拉动居民消费支出增加。加大对农村就业、社会保障以及教育等方面的财政投入，对于稳定农村居民收入预期、提升居民消费具有重要的意义。

---

① 黄威、丛树海：《我国财政政策对居民消费的影响：基于省际城乡面板数据的考察》，《财贸经济》2011 年第 5 期。

第三章　内需构成及存在的问题

一　内需的内涵与分类

基于 GDP 支出法核算恒等式，可以将社会总需求分为三大部分：资本形成总额、消费总额、货物与服务净出口。其中，前两部分构成了内需，净出口代表外需。也就是说，内需包括投资需求和消费需求，因此，扩大内需既要提高国内投资需求，也要提高国内消费需求。而投资需求和消费需求根据不同的标准也可以划分为诸多类别，本书仅以需求主体为标准进行分类。

投资需求按其主体可分为两类：一类是政府投资，主要指各级政府用于基础设施与公益事业的投资；另一类是民间投资，指国内非国有经济主体的投资，主要包括集体、个体和私营等经济成分的投资。消费需求按其主体也可分为两类：一类是政府消费需求，主要是政府用于维持自身必要活动和公共安全等公益活动的开支，大体上包括政府采购、科教文卫、国防安全等开支；另一类是居民消费需求，主要指居民为维持日常生活所产生的必要支出，包括城市居民消费需求和农村居民消费需求。

二　内需对经济的贡献

改革开放以来，鉴于中国人口众多、国内市场巨大的实际国情，内需成为拉动中国经济增长的主要动力。从 1978 年到 2016 年，除受

两次金融危机影响外，货物与服务净出口所占比重在缓慢提升，并在
2007 年达到最高的 8.7%，而构成国内需求的最终消费支出和资本形
成总额之和占总需求的比重始终保持在 90% 以上。2008 年国际金融
危机以来，由于对外贸易受到较大冲击，内需占总需求的比重提升了
5% 左右，外需占总需求的比重不足 5%（见表 3-1）。

表 3-1　1978—2016 年按支出法核算三大需求占 GDP 比重

单位：亿元,%

年份	支出法国内生产总值	内需		外需	内需		外需
		最终消费支出	资本形成总额	货物与服务净出口	最终消费率（消费率）	资本形成率（投资率）	货物与服务净出口所占比重
1978	3634.2	2232.9	1412.7	-11.4	61.4	38.9	-0.3
1979	4078.2	2578.3	1519.9	-20.0	63.2	37.3	-0.5
1980	4575.3	2966.9	1623.1	-14.7	64.8	35.5	-0.3
1981	4957.3	3277.3	1662.8	17.1	66.1	33.5	0.4
1982	5426.3	3575.6	1759.6	91.1	65.9	32.4	1.7
1983	6078.7	4059.6	1968.3	50.8	66.8	32.4	0.8
1984	7345.9	4784.4	2560.2	1.3	65.1	34.9	0.0
1985	9180.5	5917.9	3629.6	-367.1	64.5	39.5	-4
1986	10473.7	6727.0	4001.9	-255.2	64.2	38.2	-2.4
1987	12294.2	7638.7	4644.7	10.8	62.1	37.8	0.1
1988	15332.2	9423.1	6060.3	-151.2	61.5	39.5	-1
1989	17359.6	11033.3	6511.9	-185.5	63.6	37.5	-1.1
1990	19067	12001.4	6555.3	510.3	62.9	34.4	2.7
1991	22124.3	13614.2	7892.5	617.6	61.5	35.7	2.8
1992	27334.2	16225.1	10833.6	275.6	59.4	39.6	1.0
1993	35900.1	20796.7	15782.9	-679.5	57.9	44.0	-1.9
1994	48822.7	28272.3	19916.3	634.1	57.9	40.8	1.3
1995	61539.1	36197.9	24342.5	998.6	58.8	39.6	1.6
1996	72102.5	43086.8	27556.6	1459.1	59.8	38.2	2.0
1997	80024.8	47508.7	28966.2	3550.0	59.4	36.2	4.4

续表

年份	支出法国内生产总值	内需		外需	内需		外需
		最终消费支出	资本形成总额	货物与服务净出口	最终消费率（消费率）	资本形成率（投资率）	货物与服务净出口比重
1998	85486.3	51460.4	30396.6	3629.3	60.2	35.6	4.2
1999	90823.8	56621.7	31665.6	2536.6	62.3	34.9	2.8
2000	100576.8	63667.7	34526.1	2383.0	63.3	34.3	2.4
2001	111250.2	68546.7	40378.9	2324.7	61.6	36.3	2.1
2002	122292.2	74068.2	45129.8	3094.2	60.6	36.9	2.5
2003	138314.7	79513.1	55836.7	2964.9	57.5	40.4	2.1
2004	162742.1	89086.0	69420.5	4235.6	54.7	42.7	2.6
2005	189190.4	101447.8	77533.6	10209.1	53.6	41.0	5.4
2006	221206.5	114728.6	89823.4	16654.6	51.9	40.6	7.5
2007	271699.3	136229.5	112046.8	23423.1	50.1	41.2	8.7
2008	319935.9	157466.3	138242.8	24226.1	49.2	43.2	7.6
2009	349883.3	172728.3	162117.9	15037.1	49.4	46.3	4.3
2010	410708.3	198998.1	196653.1	15057.1	48.5	47.9	3.6
2011	486037.8	241022.1	233327.2	11688.5	49.6	48.0	2.4
2012	540988.9	271112.8	255240.0	14636.0	50.1	47.2	2.7
2013	596962.9	300337.8	282073.0	14552.1	50.3	47.3	2.4
2014	647181.7	328312.6	302717.5	16151.6	50.7	46.8	2.5
2015	699109.4	362266.5	312835.7	24007.2	51.8	44.7	3.5
2016	745632.4	399910.1	329137.6	16584.7	53.6	44.2	2.2

注：因四舍五入，合计数可能不等于100%。

资料来源：《中国统计年鉴》（2017）。

　　从对经济增长的贡献率来看，内需仍然占据主要地位（见表3－2）。1978—2017年，货物与服务净出口对经济增长的贡献率仅1990年超过50%，达到82.9%，却有18个年份贡献率呈现负值。与此相比，内需对经济增长的贡献率大体上达到80%以上，特别是2008年国际金融危机以后，内需对经济增长的拉动尤为显著，2008—2017年内需对经济增长的贡献率达到105.7%，发挥了对经济增长的主要拉动作用。

表 3 – 2 1978—2017 年按支出法核算三大需求对 GDP 贡献率

单位:%

年份	对 GDP 增长贡献率			拉动 GDP 增长			生产法 GDP 不变价增长速度
	内需		外需	内需		外需	
	最终消费支出	资本形成总额	货物与服务净出口	最终消费支出	资本形成总额	货物与服务净出口	
1978	38.3	67.0	-5.3	4.5	7.8	-0.6	11.7
1979	83.5	19.6	-3.1	6.3	1.5	-0.2	7.6
1980	77.3	20.9	1.8	6.1	1.6	0.1	7.8
1981	89.4	-1.7	12.3	4.6	-0.1	0.6	5.1
1982	56.1	23.5	20.4	5.1	2.1	1.8	9.0
1983	74.4	33.5	-7.9	8.0	3.6	-0.8	10.8
1984	68.7	41.8	-10.5	10.4	6.4	-1.6	15.2
1985	71.1	79.8	-50.9	9.5	10.7	-6.8	13.4
1986	50.1	15.9	34.0	4.5	1.4	3.0	8.9
1987	41.2	26.3	32.5	4.8	3.1	3.8	11.7
1988	43.3	55.8	0.9	4.9	6.3	0.0	11.2
1989	81.2	-2.4	21.2	3.4	-0.1	0.9	4.2
1990	91.7	-74.6	82.9	3.6	-2.9	3.2	3.9
1991	60.6	37.8	1.6	5.6	3.5	0.2	9.3
1992	56.1	53.0	-9.1	8.0	7.5	-1.3	14.2
1993	57.4	55.7	-13.1	8.0	7.7	-1.8	13.9
1994	34.8	34.3	30.9	4.5	4.5	4.0	13.0
1995	46.2	46.6	7.2	5.1	5.1	0.8	11.0
1996	61.7	34.5	3.8	6.1	3.4	0.4	9.9
1997	42.3	15.1	42.6	3.9	1.4	3.9	9.2
1998	64.6	28.8	6.6	5.1	2.3	0.4	7.8
1999	88.1	21.7	-9.8	6.7	1.7	-0.7	7.7
2000	78.1	22.4	-0.5	6.6	1.9	0.0	8.5
2001	49.0	64.0	-13.0	4.1	5.3	-1.1	8.3
2002	55.6	39.8	4.6	5.1	3.6	0.4	9.1

续表

年份	对 GDP 增长贡献率			拉动 GDP 增长			生产法 GDP 不变价增长速度
	内需		外需	内需		外需	
	最终消费支出	资本形成总额	货物与服务净出口	最终消费支出	资本形成总额	货物与服务净出口	
2003	35.4	70.0	-5.4	3.6	7.0	-0.6	10.0
2004	42.6	61.6	-4.2	4.3	6.2	-0.4	10.1
2005	54.4	33.1	12.5	6.2	3.8	1.4	11.4
2006	42.0	42.9	15.1	5.3	5.5	1.9	12.7
2007	45.3	44.1	10.6	6.4	6.3	1.5	14.2
2008	44.2	53.2	2.6	4.3	5.1	0.3	9.7
2009	56.1	86.5	-42.6	5.3	8.1	-4.0	9.4
2010	44.9	66.3	-11.2	4.8	7.1	-1.3	10.6
2011	61.9	46.2	-8.1	5.9	4.4	-0.8	9.5
2012	54.9	43.4	1.7	4.3	3.4	0.2	7.9
2013	47.0	55.3	-2.3	3.6	4.3	-0.1	7.8
2014	48.8	46.9	4.3	3.6	3.4	0.3	7.3
2015	59.7	41.6	-1.3	4.1	2.9	-0.1	6.9
2016	66.5	43.1	-9.6	4.5	2.9	-0.7	6.7
2017	58.8	32.1	9.1	4.1	2.2	0.6	6.9

资料来源:《中国统计年鉴》(2017)、《2017 年国民经济和社会发展统计公报》。

不过,可以清楚看到,净出口衡量的只是"净外需",并不能全面代表外向型经济对宏观经济运行的贡献。尽管外需在我国总需求中居于次要地位,但与处于相同经济发展阶段的发达国家相比,外需对我国经济增长的贡献相对较大,表现在促进产业结构调整,增加就业,提高劳动者收入等多个方面,这也是中国特色经济发展模式的关键所在。从另一个角度来看,内需的发展潜能还未充分开发,其对经济发展的多方面作用还没有得到有效发挥,无法替代外需在其中的作用。其实,如果对内需深入挖掘,内需将会发挥更大作用,尤其在外需不稳定或受到冲击的情况下,依靠内需促进经济持续发展是必然选择,也是可行的选择。如表 3-2 所示,随着 2008 年国际金融危机及欧美债务危机的蔓延，中国的出口贸易受到极大冲击，2009 年的贡献率竟为 −42.6%，而消费和投资的贡献率均比上一年有所提升，特别是在 4 万亿元救市政策的刺激下，投资需求的贡献率达到了历年最高点 86.5%。当然，内需的问题不仅局限于此，随着我国经济进入高质量发展阶段，优化内需结构，改善投资效率，提高消费对经济发展的基础性作用，将成为新时期扩大内需的重点，还需要我们对此做进一步的分析与研究。

三 内需发展中的问题

内需结构失衡问题，与我国经济增长模式密切相关。长期以来，尽管中国经济在出口、投资和消费这"三驾马车"的拉动下，实现了快速增长，但前两者的作用要明显大于后者。也就是说，从内需角度来讲，投资需求和消费需求的发展并不均衡。大体上，内需结构失衡表现在两个方面：一方面是构成内需的投资需求和消费需求没有均衡发展，投资需求多起主导作用，消费需求拉动稍弱；另一方面是投资需求和消费需求在各自内部结构方面也存在着失衡，如投资需求在产业、区域及投资主体间存在不均衡，消费需求在消费主体间和消费产品结构方面也存在不均衡。因此，考察中国内需失衡现象，不仅要分析投资需求和消费需求之间的总体比例关系，还要分析各自内部结构所包含要素的一系列比例关系。

（一）内需结构总体比例失衡

1. 内需结构变动的总体情况

通过表 3 − 1 可以看到，随着改革开放的深入，1978—2016 年，无论是投资需求还是消费需求总量规模上都有所提升。2016 年最终消费支出是 1978 年对应总额的 179.10 倍，资本形成总额是 1978 年对应总额的 232.98 倍，显示出 30 多年来投资需求和消费需求在规模上持续增长。但同时也要看到，二者的比例关系也发生了较大变化。1992 年之前，最终消费支出总额占 GDP 比重一直保持在 60% 以上，最终消费率波动幅度较小，基本上在 61.4%—66.8% 浮动；相应地，资本形成总额占 GDP 的比重保持在 40% 以下，资本形成率也较为平稳，处于 32.4%—39.5%。这段时期，最终消费支出大体上是资本形成总额的 2 倍。20 世纪 90 年代中后期，最终消费率有所下降，而资本形成率有所上升，但变动幅度较小，保持在 4 个百分点以内。从 2000 年开始，最终消费率逐年下降，资本形成率逐年上升，二者在规模上越发接近。特别是 2010 年，在扩大内需政策的推动下，资本形成率（47.9%）与最终消费率（48.5%）的差距缩减至最小值 0.6%。总体上看，2000—2010 年，最终消费率呈下降趋势，资本形成率呈上升趋势，投资在内需结构中的相对地位显著提升。2010 年以来，资本形成率小幅下降，最终消费率小幅上升，尤其是 2012 年以来，最终消费率持续上升，而投资形成率缓慢下降，随着我国进一步深化供给侧结构性改革，经济增长进入高质量发展阶段，最终消费对经济的贡献将进一步提升（见图 3 - 1）。

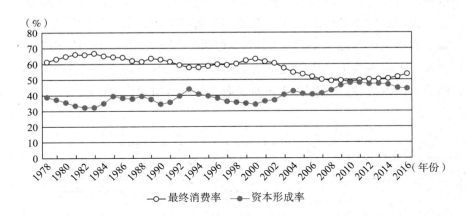

图 3 - 1　1978—2016 年国内生产总值占比构成比例（支出法）

资料来源：《中国统计年鉴》（2017）。

2. 投资需求和消费需求对经济增长贡献率比较

从表 3 - 2 看，改革开放四十年来，我国消费需求对经济增长的贡献率总体波动较大：1978 年最终消费支出对 GDP 增长的贡献率仅为 38.3%，1979 年翻了一番，达到 83.5%，1981 年实现历史性突破，达到 89.4%。随后开始有所回落，但到 1985 年又达到 71.1%，即改革开放初期十年内，消费需求在经济增长中发挥了极为重要的作用，当然这也是受限于当时落后的经济发展实际。然而，随着出口规模的扩大和投资需求规模的逐渐上升，消费需求对经济增长的贡献率开始有所下降，尽管数十年内上下波动不断，但总体呈下降趋势，2003年更是降为35.4%，低于1978年同期水平。与此同时，40年间，资本形成总额对GDP增长的贡献率也不断波动，但2001年以后，资本形成总额对GDP增长的贡献率保持在较高水平，明显高于同期最终消费支出对GDP增长的贡献率。从拉动GDP增长的作用看，随着1998年扩大内需政策的提出及深入发展，自2001年开始，资本形成总额总体上高于消费与净出口，成为拉动国民经济增长的第一动力。从图3-2和图3-3可以清楚地看到，2002年以前最终消费支出和资本形成总额对GDP的贡献率和拉动都呈上下波动态势，2002年后投资在GDP增长中的相对作用明显高于消费，2009年尤为如此。这也说明我国扩大内需政策还是以增加投资需求为主导，投资需求在拉动我国经济增长中的作用要明显高于消费需求，消费需求不足，内需结构存在严重比例失衡。2012年以来中国经济增长的动能出现了转换，主要表现为投资对经济增长的拉动作用渐显疲态，而因为贸易保护和国内劳动力成本上升等因素造成的出口增速也逐渐放缓，与此

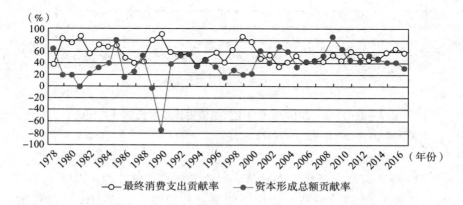

图3-2　1978—2017年最终消费支出及资本形成总额对GDP增长的贡献率

资料来源：《中国统计年鉴》（2017）、《2017年国民经济和社会发展统计公报》。

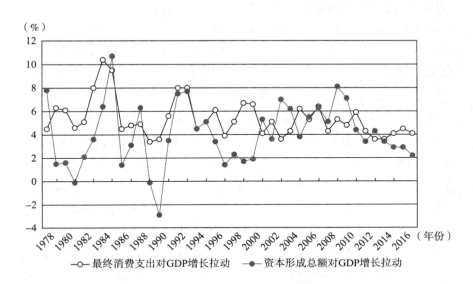

图 3 - 3　1978—2017 年最终消费支出及资本形成总额对 GDP 增长的拉动

资料来源：《中国统计年鉴》（2017）、《2017 年国民经济和社会发展统计公报》。

相对应的是，随着居民可支配收入提高，消费规模和消费质量出现了稳步增长，中高端消费更是出现了明显增长，消费对经济增长的贡献率持续上升，消费所担当的经济增长的"稳定器"和"压舱石"作用日益明显。

3. 内需结构比例失衡的依据

判定我国内需结构是否存在比例失衡的问题，需要从两个方面考察：一是纵向分析，即从我国内需发展的历程看，消费需求和投资需求总体规模及比例变动趋势证明，投资需求成为扩大内需政策的主导力量，而消费需求的作用并没有以合理比例得到增强，扩大消费需求的政策力度需要进一步加强；二是横向比较，即将国际上其他国家同一经济发展阶段的投资率和消费率与中国相应指标进行对比，通过考察国际投资率和消费率变动规律，来衡量中国内需结构是否存在比例失衡的问题。

如表 3 - 3 所示，除中国以外，我们选取国际上 10 个具有代表性的国家，其中包括 6 个发达国家和 4 个金砖国家。通过对比 1990—

2016 年资本形成率可以发现，这二十多年来世界资本形成率大体上较为稳定，在 24.2%—25.8% 波动，且呈下降趋势。高收入国家的资本形成率平均水平也保持在 20.7%—25.0%，变动趋势与世界平均水平保持一致，到 2010 年年底已经下降到 20.7%。选取的 6 个发达国家中，除美国外，其他 5 个国家的资本形成率也呈下降趋势，特别是英国，到 2016 年年底其资本形成率仅为 17.0%。仅美国的资本形成率在 2010—2015 年小幅回升。不过，这些都远低于中国同期的相应指标。而与中国经济发展水平相近的其他金砖国家（巴西、俄罗斯、印度），其资本形成率大都呈先上升后下降的趋势，巴西和南非的资本形成率保持在 25% 以下，尽管印度的资本形成率较高，却也未超过 41%。反观中国，资本形成率连续多年维持在 40% 以上，且长期以来始终高于世界各国的指标水平。同时，与国际资本形成率平均水平的差距也在不断拉大。特别是 2010 年，竟然超出世界平均水平 23.7 个百分点，说明我国的资本形成率明显偏高。

表 3 – 3　　1990—2016 年世界主要国家资本形成率对比　　单位:%

年份 国家和地区	1990	2000	2005	2010	2015	2016
世界	25.8	24.4	24.8	24.2	24.2	——
高收入国家	25.0	23.9	23.0	20.7	21.4	
美国	21.5	23.6	23.2	18.4	20.3	
德国	24.7	23.9	18.8	19.6	19.2	19.1
日本	34.2	27.3	24.7	21.3	23.9	
法国	24.3	22.4	22.4	21.9	22.2	22.8
英国	23.0	18.8	17.7	16.0	17.2	17.0
澳大利亚	29.0	26.3	27.4	27.6	26.7	25.5
中国	34.4	39.6	34.3	47.9	44.7	44.2
印度	29.0	27.0	38.6	40.7	32.9	30.4
巴西	20.2	18.9	17.2	21.8	17.6	15.4
俄罗斯	30.1	18.7	20.1	22.6	22.4	23.4
南非	20.9	20.2	22.1	23.1	21	——

资料来源:《中国统计年鉴》(2017)、《国际统计年鉴》(2017)。

同时，我们选取了上述样本国家在1990—2016年的最终消费率，同中国的相应指标作比较，如表3-4所示。按照世界银行的统计资料，2015年，世界平均居民消费率为58%。其中，高收入国家平均居民消费率为60%，中高收入国家平均为51%，中低收入国家平均为66%，低收入国家平均为78%。[①] 经过多年的发展，大部分发达国家的最终消费率基本在70%—85%，成为推动其国民经济增长的重要一极。由于发达国家均属于高收入国家，其最终消费率一般都在高位保持稳定。同时，发达国家以消费为主导的内需对经济的贡献率已经达到70%以上。而金砖国家的最终消费率也处在较高水平，特别是近十年基本保持在50%以上，大体高于中国同期对应指标十个到二十多个百分点。以2010年为例，我国最终消费率仅为48.5%，不但低于发达国家约30个百分点，而且低于发展中国家平均水平超过20个百分点。在扩大内需政策的推动下，最终消费率不断提升，2016年提高到53.6%，2017年达到58.8%，消费需求在拉动国民经济增长方面逐渐发挥应有作用。

表3-4   1990—2016年世界主要国家最终消费率对比   单位:%

年份 国家和地区	1990	2000	2005	2010	2015	2016
美国	83.7	80.1	82.3	85.0	82.5	—
德国	77.1	75.8	76.1	75.2	73.2	73.2
日本	65.9	71.3	73.7	77.2	76.4	—
法国	78.8	76.5	78.0	80.0	78.5	78.8
英国	81.9	83.1	85.0	86.7	84.2	84.2
澳大利亚	71.9	75.8	75.3	73.4	74.7	76.5
中国	62.9	63.3	53.6	48.5	51.8	53.6
印度	80.5	75.8	68.0	66.3	68.3	70.4
巴西	——	83.4	79.4	79.2	83.6	84.2
俄罗斯	——	61.3	66.8	70.2	69.8	69.5
南非	80.7	81.5	81.4	79.2	80.0	80.0

资料来源:《中国统计年鉴》（2017）、《国际统计年鉴》（2010，2017）。

[①]《我国消费率究竟有多大提升空间》，访问于2018年7月8日，http://news.10jqka.com.cn/20170630/c599054668.shtml。

综上所述，改革开放以来，我国的内需规模增幅巨大。但在内需结构上，最终消费率占比低、资本形成率占比高的问题一直存在，2010年以前尤为明显。2012年以来，我国经济增长的动能发生转换，投资、出口对经济增长的贡献率有所下降，最终消费的贡献率缓步提升，但从国际比较上看，我国的投资率要远高于世界平均水平，消费率则仍低于国际平均水平。可见，实施扩大内需战略，需要进一步采取措施，增强消费对经济增长的基础性作用。

（二）投资需求结构内部比例不均衡

近些年，投资需求总体规模逐渐上升，但内部结构比例失衡问题也越发突出，表现在诸多方面，例如：投资需求在三大产业间的不合理配置，阻碍了产业结构的优化升级，投资回报率也呈边际效益递减的趋势；投资需求在城乡区域间的不匹配，也不利于区域经济的均衡发展；政府对涉及民生的公共服务投资方面也存在不足。

1. 产业间投资比例不均衡

投资需求在推动产业发展过程中发挥了巨大作用，随着投资规模的逐年上升，投资在产业间的比例也在不断调整。从三大产业的固定资产投资（不含农户）结构来看，长期以来第一产业所占比重较小（2017年为3.3%），占比大体在2%~4%的区间内；第二产业所占比重为40%左右，经历了下降—上升—下降的变化；第三产业所占比重约为56%，其中仅房地产开发投资就占固定资产投资总额的17.4%。然而，从三大产业占国内生产总值的比重来看，第三产业所占比重明显低于国际平均水平，也就是说投资没有在促进产业优化升级中发挥应有的作用。[①] 而在产业内部，制造业的投资重点还是粗放型的高耗能行业，对于研发、自主创新和产业结构优化的投入依然不足；服务业也多投资于传统服务领域和房地产行业，对新兴服务业支持力度不够，加深了产业内部结构失衡。因此，由投资决定产出可以看出，我国的投资率虽然显著攀升，但投资在各个产业间的比重却存在着失衡，如不及时得到扭转，将影响到我国经济的健康发展。

---

① 参见《2017年国民经济和社会发展统计公报》。

2. 城乡区域间固定资产投资比例不协调

表3-5给出了1995—2010年我国全社会固定资产投资总额和城镇、农村固定资产投资总额及其比例关系，同时也列举了全国31个省份在这一时期的城乡固定资产投资总额及其比例关系。① 从表中数据可以看出，这16年间，无论是城镇固定资产投资额，还是农村固定资产投资额都在快速上升，2010年全社会投资总额、城镇投资额和农村投资额分别比1995年时的对应指标上涨了13.9倍、15.4倍和8.4倍。但同时，城镇固定资产投资额与农村固定资产投资额的比例差距也在逐年扩大，由1995年的3.58倍提高到2010年的6.58倍。如图3-4所示，可以很清楚地看到城镇固定资产投资额与农村固定资产投资额的比例差距呈扩大趋势。从区域间城乡投资比例来看，不同省份城乡间固定资产投资比例差距悬殊。以2010年的数据比较，除江苏、浙江、广东、山东等九个省份城乡固定资产投资额比例小于全国平均水平外，其余省份该指标都高于全国平均水平，其中有12个省份城镇固定资产投资总额已经超过农村固定资产投资总额的十倍以上，而内蒙古自治区该指标更是高达36.43，即我国固定资产投资比例在城乡区域间呈现出严重失衡的态势。此外，将各省份的固定资产投资额按东、中、西部地区进行加总，可以发现区域间投资额存在失衡，东部地区的固定资产投资额要高于中、西部地区的固定资产投资额。

表3-5　　　　城乡固定资产投资总额及比例关系　　　　单位：亿元

年份	全社会投资	城镇	农村	城镇/农村
1995	20019.3	15643.7	4375.6	3.58
1996	22913.5	17567.2	5346.3	3.29
1997	24941.1	19194.2	5746.9	3.34

① 从2011年起，城镇固定资产投资数据发布口径改为固定资产投资（不含农户），固定资产投资（不含农户）等于原口径的城镇固定资产投资加上农村企事业组织的项目投资，由于统计口径变动导致固定资产投资在城镇与农村之间的比例发生大幅变动（由原来的个位倍数变为几十倍），所以此处仅分析统计口径变动之前的历年数据。

续表

年份	全社会投资	城镇	农村	城镇/农村
1998	28406.2	22491.4	5914.8	3.80
1999	29854.7	23732.0	6122.7	3.88
2000	32917.7	26221.8	6695.9	3.92
2001	37213.5	30001.2	7212.3	4.16
2002	43499.9	35488.8	8011.1	4.43
2003	55566.6	45811.7	9754.9	4.70
2004	70477.4	59028.2	11449.3	5.16
2005	88773.6	75095.1	13678.5	5.49
2006	109998.2	93368.7	16629.5	5.61
2007	137323.9	117464.5	19859.5	5.91
2008	172828.4	148738.3	24090.1	6.17
2009	224598.8	193920.4	30678.4	6.32
2010	278121.9	241430.9	36691.0	6.58
地区	全社会投资	城镇	农村	城镇/农村
北京	5403.0	4916.5	486.4	10.11
天津	6278.1	5896.5	381.6	15.45
河北	15083.4	12922.7	2160.7	5.98
山西	6063.2	5526.6	536.6	10.30
内蒙古	8926.5	8688.0	238.5	36.43
辽宁	16043.0	15106.3	936.7	16.13
吉林	7870.4	7395.2	475.2	15.56
黑龙江	6812.6	6292.7	519.9	12.10
上海	5108.9	4630.5	478.4	9.68
江苏	23184.3	17416.5	5767.8	3.02
浙江	12376.0	8438.1	3938.0	2.14
安徽	11542.9	10281.3	1261.7	8.15
福建	8199.1	7385.8	813.3	9.08
江西	8772.3	7856.9	915.3	8.58
山东	23280.5	18844.4	4436.1	4.25
河南	16585.9	13934.8	2651.0	5.26
湖北	10262.7	9405.6	857.1	10.97

续表

地区	全社会投资	城镇	农村	城镇/农村
湖南	9663.6	8618.0	1045.6	8.24
广东	15623.7	12599.3	3024.4	4.17
广西	7057.6	6383.3	674.3	9.47
海南	1317.0	1257.5	59.5	21.12
重庆	6688.9	6170.6	518.3	11.91
四川	13116.7	11061.4	2055.3	5.38
贵州	3104.9	2609.4	495.6	5.27
云南	5528.7	5052.6	476.1	10.61
西藏	462.7	405.0	57.7	7.02
陕西	7963.7	7569.9	393.8	19.22
甘肃	3158.3	2808.6	349.8	8.03
青海	1016.9	840.0	176.9	4.75
宁夏	1444.2	1292.8	151.4	8.54
新疆	3423.2	3065.1	358.1	8.56

资料来源：《中国统计年鉴》（2011）。

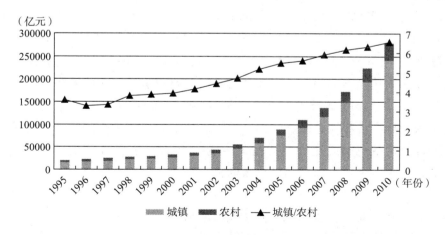

图 3-4　1995—2010 年城乡固定资产投资总额及比例关系

资料来源：《中国统计年鉴》（2011）。

3. 民间投资比例下降

由于市场准入存在障碍，投融资渠道不畅通，缺乏有效的财税政策扶持，以及市场需求不足，民间投资增长缓慢，并出现投资率下降现象，对经济持续稳定增长产生不利影响。而政府投资在很多方面表现出了低效率，以2008年提振内需的4万亿元救市计划来说，很大一部分被投资在基础设施领域，虽然能够较快拉动经济增长，提供更多的就业岗位，但还是沿袭了传统粗放型的经济增长路径，导致钢铁、水泥等高耗能行业的产能过剩；也有部分投资进入房地产领域，加重了房市泡沫风险；此外，4万亿元投资计划中有95%的资金流入了国有企业，民营经济难以参与其中，对民间投资产生了挤出效应。至于在社会保障、教育、卫生保健等涉及民生的领域，政府投资支出长期不足，与发达国家相比处在严重偏低的水平。也正是由于社会保障制度、医疗、住房和教育公共服务提供的不足，影响到消费需求率的快速提高。

（三）消费结构比例不均衡

1. 居民消费/政府消费的比例偏低

改革开放以来，随着人民收入水平的提高，消费需求在规模上不断增加（见表3－6）。最终消费支出从1978年的2232.9亿元上升到2016年的399910.1亿元，增长了178.1倍；居民消费由1978年的1759.1亿元上升到2016年的293443.1亿元，增长了165.8倍；政府消费从1978年的473.8亿元上升到2016年的106467.0亿元，增长了223.7倍。与此同时，居民消费总额与政府消费总额的差距也在逐年缩小，已经由1978年的3.71倍下降到2016年的2.76倍，与发达国家相比，仍存在差距，例如，美国、日本和加拿大等国的居民消费与政府消费总额之比均保持在3—4倍，因此，需要进一步提升居民消费比重，为扩大内需提供持久动力。

表3－6　　我国居民消费与政府消费总额及比例关系　　单位：亿元

年份	最终消费支出	居民消费	政府消费	居民消费/政府消费
1978	2232.9	1759.1	473.8	3.71

年份	最终消费支出	居民消费	政府消费	居民消费/政府消费
1990	12001.4	9435.0	2566.4	3.68
2000	63667.7	46987.8	16679.9	2.82
2010	198998.1	146057.6	52940.5	2.76
2011	241022.1	176532.0	64490.1	2.74
2012	271112.8	198536.8	72576.1	2.74
2013	300337.8	219762.5	80575.3	2.73
2014	328312.6	242539.7	85772.9	2.83
2015	362266.5	265980.1	96286.4	2.76
2016	399910.1	293443.1	106467.0	2.76

资料来源：《中国统计年鉴》（2017）。

2. 城乡间居民消费比例不平衡

改革开放以来，随着中国经济和社会发展水平的提高，城乡居民物质文化生活水平不断改善，主要表现为居民人均收入水平和居民消费水平的不断提高（见表3-7）。人均国内生产总值已经从1978年的385元提高到2017年的59660元，增长了154倍；全体居民消费从1978的184元提高到2017年的18322元。其中，农村居民消费从1978年的138元提高到2017年的10955元，增长了78倍；城镇居民消费从1978年的405元提高到2017年的24445元，增长了59倍。总体上看，居民消费总量和人均消费水平有所增长，城乡居民消费额也在逐年增长，但农村居民消费水平远低于城镇居民消费水平，且二者之间的差距并没有明显缩小。1978年，城镇居民消费水平为当年农村居民消费水平的2.93倍，1995年迅速扩大到3.55倍，随后差距有所缩小，近年来城乡居民的人均消费额之比逐渐下降到2倍左右。与此同时，由于城乡居民在收入水平、市场规模、消费配套设施建设以及消费理念等方面均存在不同程度的差异，因此，农村居民消费整体水平无论是在消费的数量、种类，还是在消费品质量等方面都远远不及城镇居民。

表 3 - 7   1978—2017 年中国人均国内生产总值及

城乡居民消费额   单位：元

年份	人均国内生产总值	消费绝对数			城乡消费水平对比（农村居民 =1）
		全体居民	农村居民	城镇居民	
1978	385	184	138	405	2.93
1980	468	238	178	490	2.75
1985	866	440	346	750	2.17
1990	1663	831	627	1404	2.24
1995	5091	2330	1344	4769	3.55
1996	5898	2765	1655	5382	3.25
1997	6481	2978	1768	5645	3.19
1998	6860	3126	1778	5909	3.32
1999	7229	3346	1793	6351	3.54
2000	7942	3721	1917	6999	3.65
2001	8717	3987	2032	7324	3.60
2002	9506	4301	2157	7745	3.59
2003	10666	4606	2292	8104	3.54
2004	12487	5138	2521	8880	3.52
2005	14368	5771	2784	9832	3.53
2006	16738	6416	3066	10739	3.50
2007	20505	7572	3538	12480	3.53
2008	24121	8707	4065	14061	3.46
2009	26222	9514	4402	15127	3.44
2010	30876	10919	4941	17104	3.46
2011	36403	13134	6187	19912	3.22
2012	40007	14699	6964	21861	3.14
2013	43852	16190	7773	23609	3.04
2014	47203	17778	8711	25424	2.92
2015	50251	19397	9679	27210	2.81
2016	53935	21285	10783	29295	2.72
2017	59660	18322	10955	24445	2.23

资料来源：《中国统计年鉴》（2017）、《2017 年国民经济和社会发展统计公报》。

3. 城乡居民消费商品的结构不均衡

美国经济学家钱纳里在《发展的型式：1950—1970》中得出的结论认为：不同阶段的人均国民生产总值对应的消费结构变化呈动态分布，通过对美国和其他国家的数据进行实证分析，在人均 GDP 从 1000 美元达到 3000 美元左右的工业化初、中期阶段，通常都伴随着居民消费率一定程度的攀升。特别是当人均 GDP 突破 3000 美元时，消费结构升级显著加快，食品类和衣着类等基本消费需求比重呈下降趋势，而发展享受型消费需求的比重则大幅上升，住房、汽车、交通、通信、文化娱乐、教育培训、医疗、休闲旅游和服务性消费等成为新的消费热点和发展趋势。如表 3-8 所示，随着世界主要国家人均 GDP 达到 3000 美元，食品、饮料、烟草和衣着类消费比重下降，居住，医疗保健，文教、娱乐用品及服务等消费比重上升。总体上看，世界消费结构演变规律呈两个方向的变化，即随着人均国民生产总值的增加及生活水平的提高，原来在消费结构中占比较大的基本物质生活消费（主要是吃穿等）比重将逐渐缩小，而原来占比较小的发展享受类消费（如住房、交通、教育等）比重将逐渐增加。恩格尔系数的降低及消费层次和质量的提高，是消费结构调整的必然趋势。

表 3-8 世界 16 个国家和地区人均 GDP 1000 美元、3000 美元时居民消费结构及其变化 单位：%

人均 GDP	食品、饮料、烟草	衣着	居住	家具、家庭设备及服务	医疗保健	交通通信	文教、娱乐用品及服务	杂项商品及服务
1000 美元	41.31	11.40	11.40	9.20	4.26	8.55	6.84	6.95
3000 美元	32.13	13.33	13.33	9.20	4.96	12.11	7.54	10.73
变化情况	-9.18	-1.78	1.93	0.00	0.70	3.56	0.70	3.78

资料来源：徐平生：《世界主要国家与地区居民消费结构组成、演变规律及启示》，《中国经贸导刊》2005 年第 20 期。

根据国家统计局现行的分类标准，可以将我国居民的消费分为八类，即：①食品烟酒，包括粮食、副食品、烟、酒、糖及其他食品；②衣着，包括服装、衣料及衣料加工费、鞋、袜、帽等；③居住，包括房屋建筑、购买、房租、水电、燃料等；④生活用品及服务，包括耐用消费品、家庭日用品及家庭服务等；⑤交通通信，包括家庭交通工具及维修、交通费、通信工具、邮电费等；⑥教育文化娱乐，包括各类教育费用、文化娱乐费用、书报费等；⑦医疗保健，包括医疗器具、医药费、保健用品等；⑧其他用品及服务，包括个人用品、理发、美容用品、旅游、服务费及其他用品。

随着经济社会的发展，我国居民消费支出结构发生了一定程度的变动。具体按照上述八类项目来看，1990—2016 年，无论是城镇居民还是农村居民，其食品衣着类消费支出在总消费支出中的比重是不断下降的。特别是食品类消费支出降幅较大，其中，城镇居民的食品烟酒消费支出占比由 1990 年的 54.25% 下降到 2016 年的 29.30%；农村居民的食品烟酒消费支出占比由 1990 年的 58.80% 下降到 2016 年的 32.24%，恩格尔系数的降低表明了我国居民整体生活水平的提高。同时，无论是城镇居民还是农村居民，在居住、医疗保健和交通通信等方面的消费支出均呈现上升趋势，这些消费项目代表了更高层次的消费类型，大都与社会和科技进步息息相关，也与国际消费趋势相吻合。而在教育文化娱乐服务方面的消费，除受国际金融危机影响在 2009 年之后略微下降外，总体上来说也处于上升趋势，特别是1995—2005 年，无论是城镇居民还是农村居民教育文化娱乐服务的消费支出占比都有较大提升，分别达到 13.82% 和 11.56%。2010—2016 年，城镇居民和农村居民在教育文化娱乐服务方面的支出比重存在差别，城镇居民的支出比重略微下降，2016 年为 11.43%，而农村居民的支出比重有所上升，2016 年为 10.56%。如表 3-9、表 3-10 所示。

表 3-9　　　　城镇居民消费支出结构变动　　　　单位:%

指标	1990 年	1995 年	2000 年	2005 年	2010 年	2015 年	2016 年
城镇居民人均支出	100.00	100.00	100.00	100.00	100.00	100.00	100.00
食品烟酒	54.25	50.09	39.44	36.69	35.67	29.73	29.30
衣着	13.36	13.55	10.01	10.08	10.72	7.95	7.53
居住	6.98	8.02	11.31	10.18	9.89	22.09	22.16

续表

指标	1990 年	1995 年	2000 年	2005 年	2010 年	2015 年	2016 年
生活用品及服务	10.14	7.44	7.49	5.62	6.74	6.11	6.18
交通通信	1.20	5.18	8.54	12.55	14.73	13.53	13.75
教育文化娱乐	11.12	9.36	13.40	13.82	12.08	11.14	11.43
医疗保健	2.01	3.11	6.36	7.56	6.47	6.75	7.07
其他用品及服务	0.94	3.25	3.44	3.50	3.71	2.70	2.58

资料来源:《中国统计年鉴》(2011, 2017)。

表 3 – 10　　　　　　农村居民消费支出结构变动　　　　　　单位:%

农村居民人均支出	1990 年	1995 年	2000 年	2005 年	2010 年	2015 年	2016 年
生活消费总支出	100.00	100.00	100.00	100.00	100.00	100.00	100.00
食品烟酒	58.80	58.62	49.13	45.48	41.09	33.05	32.24
衣着	7.77	6.85	5.75	5.81	6.03	5.96	5.68
居住	17.34	13.91	15.47	14.49	19.06	20.88	21.19
生活用品及服务	5.29	5.23	4.52	4.36	5.34	5.92	5.88
交通通信	1.44	2.58	5.58	9.59	10.52	12.61	13.43
教育文化娱乐	5.37	7.81	11.18	11.56	8.37	10.51	10.56
医疗保健	3.25	3.24	5.24	6.58	7.44	9 17	9.14
其他用品及服务	0.74	1.76	3.14	2.13	2.15	1.90	1.88

资料来源:《中国统计年鉴》(2011, 2017)。

　　大体上可以将居民的八项消费归纳为两种消费类型,即基本消费和新兴消费,其中基本消费包括食品烟酒、衣着、生活用品及服务等用来满足居民基本物质需求的传统消费品,而新兴消费则包括居住、医疗保健、交通通信、教育文化娱乐等代表现代经济社会发展水平的消费品,特别是现代服务型产品,这类消费品可以极大地满足居民对精神生活的需求,并且从根本上有利于居民综合素质的提高,即最终有利于人力资本的发展。

　　从上述城乡消费结构来看，基本消费在总消费中虽然呈下降趋势，但仍然占主导地位；新兴消费在总消费中的占比偏小，但上升速度较快，占比快速提升。也就是说，目前我国的消费结构层次正处在不断调整升级阶段。特别是进入"十三五"时期以来，扩大内需特别是一系列鼓励消费升级的政策逐步施行，消费总量将加速增长，消费结构也将进一步优化。

第四章　我国内需结构失衡原因分析

随着我国经济进入高质量发展阶段，传统依赖投资拉动经济增长的发展模式逐渐改变，以提升消费在经济发展中的基础性作用为核心的扩大内需战略成为长期发展任务。当然，我们也要对长期以来导致内需结构失衡的原因进行分析，从而为扩大消费需求及其政策制定提供有意义的参考。

一　传统发展理念及体制机制制约

（一）传统发展理念存在偏差

总体上看，传统发展理念的偏差表现在四个方面：一是重视外需轻视内需；二是重视速度轻视质量；三是重视城镇轻视农村；四是重视投资轻视消费。

首先，长期以来，我们大力发展外向型经济，鼓励出口，带动了产业结构升级，提高了就业水平，但却对国内市场重视不足，导致相当长一段时间国内居民消费需求不足，内外需失衡发展。随着外部环境的恶化影响到整个国民经济的平稳运行，在外需受到冲击的情况下，相关产业劳动者的收入水平下降，进而弱化其消费能力，制约了内需的扩大。

其次，在重视经济增长速度理念的推动下，我国经济保持高速增长，但是发展质量未能以同样速度提升，造成投资在经济增长中的作用呈边际递减趋势。也正是由于对经济增长速度的追求，我们过度依赖于投资与出口驱动,并形成了思维定式。而且由于重视增长速度,对民生领域投入不足,尤其是随着居民消费能力的提升,对社会公共服务和基础设施的需求快速增长,进一步凸显出与消费配套的公共资源严重匮乏。这既不利于国内经济发展方式的转型升级,也不利于内需结构的均衡发展。

再次,传统"重城抑乡、重工轻农"的城乡非均衡发展战略,使得农村经济一直处在不平等的地位,在城镇居民生存环境显著改善、收入水平不断提高、工业规模急剧扩大的同时,农业、农村却逐渐丧失了发展的有利条件,在收入水平和享受公共服务方面要远远落后于城市。作为占全国人口比重为41.48%的农村常住居民①,无论是收入还是可支配收入及消费能力都处于较低水平,虽然近年来农村居民消费增速加快,超过城镇居民消费增速,但是仍与城镇存在较大差距。

最后,重投资轻消费直接导致了近些年中国投资率偏高,最终消费率偏低的现象。这一理念的延续与地方政府政绩考核体制密切相关,为了保证 GDP 的持续增长,鼓励投资成为地方政府发展经济的重要手段,而企业为了扩大生产规模也有追加投资的冲动,却未使得员工报酬与企业盈利同步增长。随着我国经济发展由高速增长进入高质量发展阶段,政绩考核标准发生变化,新发展理念成为重要衡量指标,消费在经济增长中发挥基础性作用,将使这种现象得到改观。

(二) 城乡二元经济结构的制约

"二元经济结构"由美国经济学家刘易斯提出,最初应用于区域经济学理论,指的是发展中国家现代工业和传统农业并存的经济结构。我国存在着显著的二元经济结构特征,就其产生的原因来看,既有历史因素的积淀,也是经济体制转轨的必然,其对内需失衡的制约主要表现在以下方面。

一是二元经济结构导致公共设施和服务供给的差异性,而农村公共产品供给不足是制约农村居民消费的重要因素。长期以来,由于公共产品配置制度的不均衡,农民很难享受与城市居民等同的公共品及

---

① 参见《2017 年国民经济和社会发展统计公报》。

服务。在教育、医疗和基础设施建设等公共产品上主要依靠自筹资金来满足需求，从而降低了农民的消费能力。同时，供水、供电、交通通信等基本公共品供给不足，一定程度上制约了农民的家用电器及耐用消费品的消费需求。

二是农村居民收入增长缓慢，与城镇居民消费水平存在较大差距。在二元经济结构的影响下，企业会偏向于在基础设施完备和消费能力强的城镇进行开发，忽视了农村市场的拓展。由于农村居民在所需商品的种类、结构和档次上都落后于城镇居民，所以多数企业不会把核心市场定位在农村，而即使一些企业面向农村市场提供商品，其供给商品的种类也较为有限，难以满足农民对物美价廉商品的需求。在一系列扩大内需政策的推动下，很多企业积极开拓农村市场，包括"家电下乡"补贴政策、"电商下乡"等活动，成为开拓农村消费市场的重要举措。但是很多地方并未能提供与产品同步的服务，一旦产品出现质量问题，并不能在当地区域进行维修，给农民带来了极大的不便；还有一些企业将农村市场作为销售滞销商品的场所，产品质量不佳或款式老旧、性能落后，在农村中造成不良影响，也使相关政策的积极效果未能充分体现。

三是城乡二元结构限制了农村剩余劳动力的转移。近年来，我国城市化进程加速，大量农民转变为市民身份，但是城乡户籍制度仍然存在，在很大程度上妨碍了农村剩余劳动力的转移速度和规模，并使其自由流转受到阻碍和限制。劳动力市场及相关保障制度的不健全也使得农村劳动力在无序流动的同时，在报酬、福利待遇和社会保障等方面同城镇务工人员有较大差距，存在"同工不同酬"的现象，而且未能享有城镇人口所享有的各种社会保障福利，如居住条件、医疗保险、劳动条件、子女教育等，这些都会制约农村剩余劳动力的消费能力。下一步应加快改革城乡户籍制度，破除二元经济社会结构，实现农村剩余劳动力的合理流转，进一步提高农村务工人员的收入和购买能力，促进消费市场结构升级。

（三）政府职能发挥不到位

长期以来，在扩大内需政策实施时，出于非理性政绩考核的利益驱动，以及刺激居民消费需求难度大、环节多、见效慢等方面的考虑，多数地方政府将投资作为拉动地方经济增长的重要力量。伴随着扩张性投资，很多问题也日益暴露出来，投资质量和回报收益难以保证，高耗能高污染行业重复建设，造成了资源的不合理配置。同时，地方政府并没有为民间投资提供足够的便利化服务，投资渠道还极不畅通，制度性的高门槛致使民间资本无法进入投资回报较高的行业，政府对民间投资的配套政策不完善，没有鼓励和引导民间资本的合理流动，使得地方投资乏力的迹象开始出现。政府对民间资本的投资限制和某些行业的产能过剩问题很可能导致民间资本投资放缓，政府反而成为投资需求中的主导，而民间资本本应该在扩大内需中发挥更为重要的作用。此外，政府对消费市场中流通的商品监管力度不足。近年来，食品、药品和生活必需品的质量安全引致的社会问题不断增加，在对消费者的权益造成损害的同时，也使其对国产商品产生不信任，进而转向境外消费，导致消费外流。对于这些消费环境中的恶性问题，政府缺乏有力的监管措施，在一定程度上降低了居民对国内商品的信心，不利于消费需求的提高。

而在扩大内需政策措施方面，尽管一直强调促进消费应该在其中发挥更为重要的作用，但还是缺乏有效着力点，之前的措施实施重点领域还是放在基础设施的投资上，当然，这也是因为刺激消费需求是一个系统性的工程，难度比较大。不过，如何平衡以应急为目标的基础设施投资与以促进消费增长为目标的结构调整，将是政策决策中一个必须攻克的难点问题。同时，我国运用税收杠杆调节经济运行的效果不显著，尤其对于将税收手段应用于调节收入再分配环节还需要进一步完善制度设计。此外，金融政策不完善，民间资本的资金融通渠道不顺畅，消费信贷发展滞后，都在很大程度上制约了内需的扩大。

二 收入分配制度不尽合理

（一）居民整体收入水平偏低

凯恩斯认为"一般而言，当所得增加时，人们将增加其消费"，居民收入水平的高低直接影响到居民购买力的大小。在市场经济条件下，居民的消费需求基本都是通过有购买能力或有支付能力的需求表现出来，超过其支付能力的需求只能是一种不现实的消费欲望。因此，随着收入的增加，购买力的不断提高，消费需求层次也会提高，必然导致消费结构向较高层次跃迁。2016 年我国人均 GDP 已经达到 8123 美元，我国居民消费已由生存型向发展型迈进，消费需求结构进入升级阶段。但是与其他一些发达国家相比，我国的人均 GDP 还比较低，居民收入水平仍处于较低水平，[①] 不仅远远低于发达国家水平，甚至低于新兴工业化国家和不少发展中国家的水平。

（二）居民收入差距过大

在我国的收入分配体制中，除了要素和部门间的初次分配和再分配机制不利于以劳动报酬为主要收入的劳动者和居民，引致其消费能力下降外，分配结构中还存在着城乡收入差距拉大、行业收入差距拉大以及区域收入差距扩大的问题。下面具体来看。

城乡居民收入差距缩小缓慢。中华人民共和国成立以来至改革开放初期，我国的城乡居民的收入差距呈收敛趋势，1978 年和 1985 年的城乡收入分别相差 2.57 倍和 1.86 倍。20 世纪 80 年代中期开始，城乡居民收入开始呈逐步扩大的态势，90 年代差距均值为 2.59 倍，其中 1990 年最低，为 2.50 倍，1999 年最高，为 2.65 倍。进入 21 世纪，城乡居民收入差距扩大到了 3 倍以上，2007 年和 2008 年分别为 3.33 倍和 3.31 倍。近年来，在国家一系列支持农村发展政策的有力推动下，城乡居民可支配收入差距下降到 2.7 倍左右，城乡居民收入差距逐渐缩小，但是趋势较为缓慢，不利于农村居民提升消费质量，仍与城市居民消费水平存在较大差距。为促进农村居民消费持续快速增长，需要政府进一步推出切实有效的支持农业技术创新、发展特色农业的政策，加大农产品收购保护、农业补贴等一系列惠农政策的力度，加快提高农民收入的增幅。

行业收入差距问题主要表现为垄断行业收入较高，而普通竞争性

---

① 参见《国际统计年鉴》(2017)。

行业的中小企业职工收入较低。某些垄断行业职工的平均收入高达全国职工平均工资水平的数倍。据国家统计局统计，按细分行业分组，2016年人均工资最高的是信息传输、软件和信息技术服务业的122478元，最低的是农、林、牧、渔业的33612元，二者相差3.64倍。如果再加上工资外收入和职工福利待遇上的差异，其实际收入差距应该会进一步扩大。为了调整行业收入分配差距问题，需要政府加大对垄断性行业的监管力度，提高垄断性行业的服务能力和质量并适当降低垄断性行业的收费标准，同时，减轻其他竞争性行业的税费负担，提高其竞争盈利能力和负担提高工资的能力。

区域收入差距主要表现为东部地区收入偏高，中、西部地区收入偏低。2016年，全国职工的平均工资为67569元，最高的上海为119935元，比全国平均水平高出77.5%；而最低的河南为49505元，只有全国平均工资的73.3%。2016年，东部、东北、中部三大地区的城镇居民人均可支配收入分别是西部的1.39倍、1.02倍和1.01倍，农村居民人均可支配收入分别是西部的1.56倍、1.24倍和1.19倍。显然，我国各地区之间存在较大的收入差距，中西部和东北地区的居民收入偏低。为了扭转区域性经济发展不平衡引致的区域收入差距拉大的问题，政府需要在西部大开发、振兴东北老工业基地及中部崛起战略的基础上，依据主体功能区划加大对中西部和东北部经济发展的支持力度，促进我国区域经济均衡发展，推动解决区域居民收入差距扩大问题。

居民收入差距拉大不利于消费结构的优化。因为高收入的家庭更热衷于高层次的消费，而低收入的家庭由于受到收入水平的限制，不得不抑制自己的消费需求而停留在较低层次消费上，这样随着收入差距的不断扩大，低收入家庭的消费需求长期处于压抑状态不能得到满足，消费层次得不到提升，严重影响了消费结构的优化。

三　居民消费倾向下降

通过收入分配体制改革，增加劳动报酬收入，提高住户居民初次分配和再分配收入后的可支配收入水平，进而提高居民的消费能力，只是促进消费、扩大内需的基础。收入增加后消费支出是否增加以及增加的程度取决于居民消费意愿决定的消费倾向。以下对此进行分析。

（一）我国居民消费倾向变动情况及现状

20世纪90年代中期以来，我国居民消费倾向产生了较大幅度的下降，特别是2000年以来居民消费倾向持续下降，由2000年的97%下降到2017年的71%。在居民消费倾向结构中，农村居民消费倾向从1992年就开始呈下降态势，具有下降时间早、下降时间长、下降幅度平缓的特点。城镇居民消费倾向在2000年以前相对平稳，此后开始持续下降，并具有下降时间短、下降幅度大的特点，主要原因是随着收入提高，消费转化为投资需求。2000—2017年，城镇居民消费倾向由107%降到67%，农村居民消费倾向由2001年的84%降到2017年的82%。

（二）我国居民消费倾向走低的原因分析

在影响居民消费倾向的社会经济制度体系中，具有决定性的制度体系是市场经济体系和社会保障体系。市场体系越规范，居民收入和支出预期越稳定，消费倾向越高；反之，居民收入和支出变化越大，则居民防范心理越强，消费支出越谨慎，消费倾向越低。同样，社会保障体系越健全、保障度越高、覆盖面越宽，居民日常生活风险越小、后顾之忧越少，居民消费倾向越大；反之，社会保障体系不健全、保障度低、覆盖面窄，居民生存风险偏高，防御风险和自我保护心理越重，消费支出越趋于谨慎，消费倾向走低。在经济转型过程中，市场由内部市场转向公开市场，进而外部市场带来的冲击会加大要素所有者和商品交易者的风险，这将导致居民消费倾向下降；并且冲击期越长、冲击越大，居民消费倾向下降越明显。随着市场的逐步规范和成熟，居民消费倾向会逐步提升。

1. 经济转型冲击

在20世纪90年代中期以前，城镇居民在原有的经济体制下享受着住房、医疗、养老、子女教育、补贴等一系列高福利保障。20世纪 90 年代中期以来，伴随国有企业和集体企业改制的推进，城镇居民职业稳定性急剧下降，收入不确定性预期增强，引致谨慎性消费，进而导致居民消费倾向下降。随着市场经济体制的逐步确立，各种要素资源配置开始走向市场化，收入分配在效率优先的导向下也逐步多元化，劳动报酬在要素分配中的比重开始下降，劳动就业的不稳定性增强，更换就业岗位的机会增多，但失业风险加大，收入的不确定性提高。因此，在向市场经济转轨的阶段，各种风险因素增多，居民为了保障生活相对稳定，谨慎性消费意识增强，消费倾向快速下降。

2. 政府消费意愿下降

政府消费意愿（倾向）是指政府消费支出在政府可支配收入中的占比，取决于政府的自身定位和执政目标并受其经济调节职能的影响。政府定位与其执政目标密切相关，服务型政府更加关注为居民提供社会公共服务，经济管理意愿相对不强，消费意愿较高。管理型政府更加关注经济管理和经济发展走势，提供公共服务的意识相对不强，通过投资引导经济发展的意愿强烈，消费意愿较低。因此，政府定位不同，其消费意愿存在很大的差异。

政府消费意愿的强弱直接影响社会公共服务的提供，而公共服务对居民消费会产生直接或间接的影响。公共服务的良好提供能够降低居民的消费支出风险，提高居民消费倾向；而在公共服务缺失或不足的经济社会里，居民消费支出风险加大，消费倾向下降。另外，管理型政府为了实现执政目标会依据宏观经济形势的变化，通过投资或政策引导的形式直接干预经济，实现其经济管理的职能。这是管理型政府消费意愿随宏观经济形势波动的根源，也是影响居民消费倾向的重要原因。因此，政府的定位和执政目标也是影响居民年消费倾向的重要根源。

伴随经济体制改革的逐步深入，政府改革取得很大进步，执政能力大大提高，政府职能定位由管理型向服务型转变，以发展经济、追求经济稳步增长为执政目标，依据宏观经济形势发展变化，直接或间接干预经济，公共服务不到位，特别是在经济发展受阻、形势困难等不利于经济增长的时期，发展经济的内在动力和干预经济的冲动促使政府加大投资、稳定经济形势、快速恢复经济增长，消费意愿增速放缓。

四　农村消费水平总体滞后

改革开放以来，我国经济长期依赖投资和出口驱动，国内消费需求相对不足。受限于城乡二元分割的经济结构造成的城乡资源分配、就业机会不均等和不同的社会福利体系形成的制度性歧视，农村居民既缺乏稳定的收入来源，也缺少健全有力的社会保障体系；同时，在农民文化素质不高、增收基础不牢，农村基础设施不完善、消费环境较差，农产品流通不畅，农业生产附加值低，农村人口未富先老、结构失衡，农民养老保障体系比较脆弱，农村居民消费观念比较保守等多重因素作用下，我国农村居民消费水平相对滞后。就总体数据而言，2016年占全国总人口42.65%的农村居民的全部消费支出占我国居民总消费支出的比重仅有21.92%，而占全国总人口57.35%的城镇居民消费支出占总消费支出的比重达到78.08%；从微观来看，2016年农村居民人均消费支出10783元，城镇居民人均消费支出29295元，城镇居民人均消费支出是农村居民人均消费支出的2.72倍；从消费结构来看，农村居民用于以食品、衣着等生活必需品为代表的生存型消费支出占比长期高于城镇居民，以家庭设备、文教娱乐为代表的发展型消费支出占比较低。无论是总量数据、人均数据抑或消费结构都表明，与城镇居民相比，我国农村居民消费水平相对滞后。

尽管总体来看，农村居民消费水平滞后于城镇居民消费水平，但是从发展趋势来看，2008年国际金融危机之后，扩大国内消费需求、转换经济发展动力成为学界和决策层共识，农村居民消费发展速度明显加快，城乡消费差距呈不断缩小趋势，表现出以下几个特点。

第一，农村居民收入水平稳步提高，消费能力持续提升。收入水平是决定消费的首要因素，消费问题本质上是收入问题。2009年中央一号文件明确指出"扩大国内需求，最大动力在农村"，一系列支农惠农政策密集出台，"精准扶贫"持续推进，最近10年农村居民人均可支配收入稳步提高，城镇居民人均可支配收入与农村居民人均可支配收入①的比值保持下降态势，由 2008 年的 3.31 下降到 2017 年的 2.71，农村居民收入增速连续 8 年快于城镇居民收入增速，消费能力不断增强。

第二，农村居民最终消费支出持续增长，消费水平持续提升。从社会消费品零售总额来看，截至 2018 年 2 月，农村社会消费品零售总额同比增速连续 36 个月高于城镇居民社会消费品零售总额同比增速。从人均消费支出来看，农村居民人均消费支出增速明显快于城镇居民，城镇居民人均消费支出与农村居民人均消费支出的比值从 2008 年的 3.1 下降到 2017 年的 2.2，并持续保持下降趋势。

第三，农村居民消费结构升级趋势明显。从恩格尔系数来看，最近 10 年农村居民家庭恩格尔系数总体保持下降态势，从 2008 年的 43.7% 下降到 2017 年的 31.2%，由小康阶段向富裕阶段迈进。从具体的消费品类来看，农村居民用于交通通信、文教娱乐等非必需消费品的消费支出占比保持上升趋势，反映了农村居民消费结构升级的趋势。尤其是 2008 年以来农村居民对洗衣机、空调、电冰箱、个人电脑四大带有明显享受性质的耐用消费品的消费需求快速增长；农村居民对原粮的摄入呈下降趋势，而对瓜果、肉禽、蛋奶、瓜果制品等高营养高蛋白食物的摄入量则呈上升态势，从 2013 年开始，肉禽类、蛋类、水产品摄入量明显增加。发展型、高品质商品消费支出的增加进一步验证了农村居民消费能力提高和消费升级的趋势。

综合来看，我国农村居民消费水平总体上落后于城镇居民，但是农村消费潜力正在释放，这一差距正在缩小。随着全面建成小康社会的逐步实现和"乡村振兴"战略的推进，农村居民收入水平将持续提高，消费能力也会进一步增强。随着电子商务的发展和移动互联网的普及，网络购物也在农村快速发展，再加上阿里巴巴、京东、苏宁

---

① 国家统计局对农村居民收入的统计，2013 年以前只有"农村居民家庭人均纯收入"的概念，其定义为"农村住户当年从各个来源得到的总收入相应地扣除所发生的费用后的收入总和。计算方法：纯收入＝总收入－家庭经营费用支出－税费支出－生产性固定资产折旧－调查补贴－赠送农村内部亲友支出"。2013 年后调整统计方法，引入了"农村居民家庭人均可支配收入"的概念。鉴于这里的"农村居民家庭人均纯收入"事实上就是农村居民家庭人均可支配收入，为了数据处理的一致性和行文方便，本书统一采用"农村居民家庭人均可支配收入"的概念。

等电商平台相继推出农村战略，物流配送渠道进一步下沉至农村，一定程度上弥补了农村商业基础设施不足的短板，农村消费环境也在不断改善。此外，返乡农民工和新生代农民工受城市消费文化影响，消费意识和理念也有一定程度的转变。伴随收入水平的提高、消费环境的改善、消费理念的转变，农村消费潜力有望继续释放，城乡消费差距将进一步缩小。

五　社会保障制度不健全

随着市场经济体制的逐步确立，伴随职业和收入不确定风险的加大，原来的社会福利制度体系也逐步瓦解：实物福利分房取消，住房公积金制度确立，居民购买住房的刚性需求增加；单位医疗机构纷纷剥离，医疗体制改革逐步深化，政府财政投入降低，医疗费用增加，居民医疗负担加重；基本养老由原来的国家和企业全部负担转变成由个人和单位共同承担，居民养老压力加大；子女教育费用绝大部分也由家庭承担，家庭教育支出增加。在各项制度改革推进的过程中，住房价格、医疗费用、教育费用等快速增加，居民大额支出预期提高和不确定支出预期增加，使居民失去了一部分过去未体现为货币形式的预防性储蓄，居民不得不加大本期的预防性储蓄（对医疗、教育与养老、失业的预防性储蓄），抑制了国内居民消费需求。当人们在养老、医疗、失业等方面都有预防性储蓄的动机时，即在未来预期不确定的情况下，都会将自己收入的一部分转为存款而不进行消费，收入越低，储蓄的份额越大，强化了未来支出预期，因此削弱了居民的消费能力。同时，农村居民与城市居民享受到的社会福利不对等，尽管我国农村市场广阔，但由于农民收入偏低，再加上欠缺必要的社会保障，农村消费对经济社会发展的贡献能力并未能发挥出应有水平。因此，由于社会保障制度的不健全，致使居民不得不将一部分收入用于预防性储蓄，从而挤占了有效的消费需求。

随着改革的深入，原有的社会福利体系逐步解体，新的社会保障体系尚在完善过程中，导致居民防范性心理较强。在收入不稳定性提高和未来支出不确定性增加以及社会保障体系尚不健全的情况下，居民预防性储蓄心理加重导致居民储蓄增加是居民消费倾向快速下降的重要社会根源。

六　消费环境欠佳

消费环境是影响消费行为的重要因素。良好的消费环境可增强消费信心，扩大消费需求，提高消费质量；反之，恶劣的消费环境会加重消费者的谨慎消费，抑制合理消费需求，阻碍消费潜力释放。改革开放 40 年来，我国消费市场从一元到多元，消费内容不断丰富，消费模式逐步升级，吃、穿、住、行、购、娱习惯全面改变，消费领域发生了革命性的变化。在我国消费环境发生巨大变革的同时，由于消费市场产生时间短、发展不成熟，市场环境欠佳，对消费者的消费信心和消费行为产生重要影响，致使我国居民消费谨慎，抑制了居民消费需求。当前，我国消费市场环境总体欠佳，主要问题表现在以下几个方面。

（一）假冒伪劣商品屡禁不绝

假冒伪劣商品严重地损害了国家、集体、消费者个人的利益，甚至直接危及消费者的身体健康和生命财产安全。例如，有毒、有害食品致人身亡，室内装修污染致病，劣质汽配零件引发事故，等等。这些严重威胁了人们的消费安全，挫伤了消费者的消费信心。

（二）虚假宣传

在我国消费市场总体转为买方市场后，经营者越来越重视营销手段的运用，营销措施不断创新。由于违法成本较低，经营者在产品宣传方面经常夸大其词，有的经营者为推销商品和服务，采用虚假广告、包装、说明书等形式，故意隐瞒产品的真实性能、主要成分、使用方法等，对必须说明的内容含糊其词或故意夸大功效，有意利用虚假宣传来欺骗消费者，侵犯消费者的知情权。

（三）价格欺诈

价格的高低直接关系到消费者能否用货币换回价值量相当的商品和服务，是市场经济中消费者保护的核心内容之一。由于监管不到位，一些商家在促销中，大搞价格欺诈。例如，虚假降价、虚假折扣、虚假馈赠等，设置种种陷阱，引诱消费者上当。另外，一些新兴消费领域的价格问题越来越突出，例如商品房、汽车以及医疗、电信等服务行业，价格缺乏标准和透明度，价格欺诈现象时有发生。上述行为在很大程度上扰乱了市场秩序，使消费者在消费过程中产生诸多疑虑，增加了购买成本。

（四）服务质量差

虽然我国已进入服务经济时代，但是无论是生产企业还是流通企业，对产品服务重视程度都不高，多数企业仍然将产品销售作为第一要务，而对售后服务却未能给予同样的重视，一些企业的"三包"只是停留在口头上，服务承诺形同虚设；还有一些企业售后服务体系不健全，售后服务配套不到位，服务质量难以保证；有的延迟服务时间，强行收取服务费用，致使消费者利益受损。

（五）消费纠纷难解决

消费者权益保护，最终要落实为对消费者与经营者之间的消费纠纷进行处理。目前，消费者投诉（包括申诉、起诉）仍然面临着举证难、鉴定难、解决难、执行难的局面，有些消费纠纷久拖不决，消费者四处奔走，在一定程度上激化了社会矛盾，消费者十分不满。面对不良的消费环境，消费者在购买商品时十分谨慎，反复权衡消费收益和可能发生的消费风险。

在这种情况下，人们往往选择持币待购、推迟消费乃至放弃消费，从而打击了人们的消费热情和积极性，阻碍我国居民消费结构的升级和消费质量的提高。

七 流通产业发展水平制约

作为生产通往消费的重要桥梁和纽带，商品流通在扩大内需中具有重要作用。流通业的发展水平和结构，直接影响着消费需求的实现。目前我国流通业在发展过程中面临诸多问题，导致其在扩大内需中的作用没有得到应有的发挥。

（一）农村流通网络建设滞后

随着农民收入快速增加，农村消费市场发展较快，对流通基础设施提出更高要求。尽管国家出台一系列政策措施加强农村流通网络建设，但总体上，我国目前的农村流通基础设施体系还比较薄弱，流通方式有待提高。再加上城乡二元经济结构下，城乡市场体系发展不平衡，没有形成统一的市场布局，市场割裂情况严重。实际上，近年来农村居民消费增长迅速，消费增速已连续多年高于城市。2017 年，城镇实现消费品零售额为 314290 亿元，农村实现消费品零售额仅为 51972 亿元；与 2010 年相比，城镇消费品零售额年均增速为 12.7%，农村消费品零售额年均增速为 13.9%，比城镇高 1.2 个百分点。但在基础设施领域，无论从规模、结构还是业态来讲，农村商业发展状况都远远落后于城市，农村商品流通网络建设滞后，加上农村消费环境较差，导致农村消费需求未能得到充分满足、消费潜力未完全释放，阻碍了消费需求的进一步扩大。

（二）城市商业服务功能较弱

城市商业功能的提升可以提高居民的生活质量，也会促进居民扩大消费。但就我国的城市商业功能来看，还有较大的提升空间，主要表现在服务的有效供给明显不足。随着城市消费结构升级，居民除了住房、汽车等商品及一些传统的服务消费外，对教育培训、文化、通信等新兴服务的需求越来越多，但相应出现的是服务提供能力不足及服务质量较差等问题，也就是说城市商品和服务在供求上存在结构性矛盾。而城市商业服务功能不强、服务类市场发育不完善、服务提供种类不足、服务方式缺乏创新、服务质量不高等问题的存在，不但阻碍了消费结构的升级，而且限制了城市消费需求增长的空间。此外，社区商业服务相对落后，在网点布局、服务项目和便利性方面问题较多，亟须进一步完善社区服务功能，提高居民消费满意度。

（三）　商业网点布局缺乏规划

长期以来，我国的商业网点在布局上缺乏统一规划，导致区域结构失衡。一方面，发达地区的流通网络趋于饱和，流通设施过剩，造成流通企业过度竞争；另一方面，落后地区的流通网络发展滞后，无法满足当地居民的消费需求。由于具备各种优势条件，东部发达地区和城市的流通业极易吸引大量的投资，从而形成了多种业态并存的新局面，竞争激烈的同时商业网络布局也趋于饱和。相比较之下，中西部地区和农村流通网络的建设则缺乏投资支持和充分竞争，商业网点明显不足，进而抑制了这部分区域的局部消费需求。

（四）　物流现代化程度亟待提升

随着电子商务的快速发展，我国传统商业整体面临转型压力，线上线下融合成为大势所趋。而物流业作为支撑线上线下企业实现商品传递功能的基础产业，其现代化程度较低，发展水平难以满足现实需求。主要表现为：①物流技术装备落后和物流基础设施薄弱，综合交通运输能力差；②物流业发展分散，专业化、社会化物流发展不足；③现代化物流集散和储运设施较少，各种物流设施和装备的技术水平、标准化程度较低，不同交通方式之间、交通与仓储设施之间的配套性、兼容性较差；④物流企业数量庞大，但总体规模不大，服务范围窄，集中在运输和仓储领域，功能比较单一，导致整体物流效率低、成本高。中国物流与采购联合会发布的最新数据显示，2017年中国物流总费用占国内生产总值比重为14.6%左右，比美国等发达国家高出近一倍。现代流通业发展滞后，流通渠道不畅，物流成本较高，不仅导致流通过程中浪费现象严重，而且这种高成本最终将被转嫁给消费者，大幅提高了消费者的购买价格，制约了消费需求的实现。

（五）流通信息化程度低

随着科技水平的日新月异，现代信息技术对推动社会经济发展发挥着愈加重要的作用，现代流通业的发展更是离不开技术的支持。尽管近年来，我国流通产业的信息化取得了较大发展，但并不能完全满足现代流通业发展的现实需要，电子信息技术在流通产业中的应用还有很大的提升空间。而且较低的信息化水平导致流通效率低、成本高，难以适应现代经济的快速发展和消费需求的增长。

此外，流通产业组织化程度较低，规模水平较低，难以实现规模经济效应。同时，流通企业以中小型为主，缺乏具有国际竞争力的大型流通企业，企业整体竞争力不强，这不但阻碍了流通产业整体竞争力的提升，而且与日益增长的消费需求也不相适应，无法满足消费者多样化和个性化的需求，也在很大程度上制约了居民的消费需求增长。

综上所述，可以发现我国内需发展的主要问题是结构失衡，而扩大内需的关键领域还是在于刺激消费需求的提升，但由于有效供给不足，造成消费需求未能充分满足，尤其在社会公共服务方面，一些重点消费领域被限制在社会事业、社会保障涵盖的框架中，而未投入市场以形成有效的竞争。如医疗消费领域，长期以来的行政垄断给民营资本与外来资本的进入设置了高门槛，导致医疗资源严重不足，医疗服务供给远不能满足消费者的需求，当然也就造成了该消费领域的盲区，消费空间开发潜力巨大；而教育培训领域也未能满足社会发展和经济转型的需要，多个领域所需专业人才欠缺，培训行业尚需规范化运作；城乡二元经济结构以及城市发展不平衡，使得各项资源流动集中于北京、上海、广州和深圳等超大城市，引致了这些大城市出现交通拥挤，住房紧张，生活成本提高及就业、医疗、教育等资源紧缺等典型"城市病"特征，同时也加剧了消费的区域性失衡。

第五章　扩大内需的重点和难点

扩大内需是我国经济平稳较快发展的根本立足点和长期战略方针，在具体实施扩大内需战略的过程中，仍然面临许多困难和问题，因此，有必要深入分析扩大内需的重点和难点。

一　调整总需求和总供给结构

（一）提高内需占比

总需求是经济中对物品和劳务需求的总和，从最终使用的角度，总需求包括投资需求、消费需求和国外需求（出口）三个部分，因而，投资、出口和消费成为拉动经济增长的"三驾马车"。在结构上，总需求分为外需和内需两个部分，其中投资和消费属于国内需求，出口是国外需求（即外需）。在满足内需的供给结构中，包括自给和进口两个部分，自给部分直接拉动国内的经济增长，而进口部分属于内需的外溢，带动的是国外的就业和经济增长。出口则能够直接拉动国内经济增长。在以追求经济快速增长为目标的阶段，政府通过对外资和出口的优惠政策实施出口导向措施，进而实现经济快速增长的目标是合适的；但是，在经济大国的地位确立后，在由经济高速增长阶段转向高质量发展阶段，立足内需和内部有效供给是经济社会持续健康发展的基本要求。我国经济发展进入了新阶段，需要我们在分析我国消费需求和供给结构的基础上，通过相应的政策来调整需求和供给结构，以推动我国经济实现长期平稳增长、国民福利提高和社会和谐的高质量发展目标。

1978—2007 年，我国总需求由 3634.1 亿元增加到 271699.3 亿元，增加了 73.76 倍。其中，内需由 3645.5 亿元增加到 248276.3 亿元，增加了 67.10 倍；外需由 - 11.4 亿元增加到 23423.1 亿元。从内外需总量增长速度看，外需增长远远快于内需增长，从而引致内需在总需求中占比不断下降，外需占比不断提高。1978 年内需占比为 100.3%，外需占比仅为 - 0.3%，2005 年内需占比降到 94.6%，外需占比提高到 5.4%。到 2007 年内需占比下降到 91.3%，外需占比提高到 8.7% 的历史高位。外需以及外需带动的外向型投资成为我国经济增长的重要动力。2008 年国际金融危机爆发以来，内需由 2008 年的 295709.1 亿元提高到 2016 年的 729047.7 亿元，内需年均增长率保持在 11.9%；而在外部经济环境恶化的背景下，外需由 2008 年的 24226.8 亿元下降为 2016 年的 16584.7 亿元，下降速度为年均 4.9%。2016 年内需占比为 97.8%，外需占比为 2.2%，内外需占比结构回复到 2003 年的结构水平（见图 5 - 1）。为了应对来自外部的冲击，我国政府出台了一系列扩大内需的政策，使需求结构得到调整。当前，为进一步改善我国经济的需求结构，提升消费在经济发展中的基础性作用，需要综合利用财政、税收和货币政策，采取"组合拳"营造有利于内需扩大、外需稳定增长的经济社会发展环境，为持续扩大内需夯实基础。

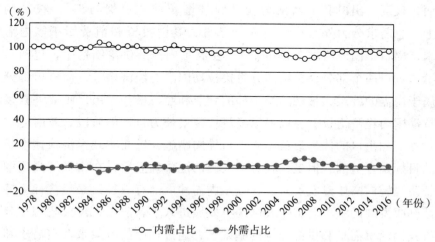

图 5 - 1　1978—2016 年内需和外需占比的变动情况

资料来源：《中国统计年鉴》（2017）。

（二）提高内部供给占比

总供给是在一定时期内可以提供给市场最终使用的产品和劳务的总和，与总需求相对应，在结构上包含两个部分：一是由国内提供的产品和劳务，即自给部分；二是由国外提供的产品和劳务，即进口部分。自给部分取决于国内的生产力水平和资源开发使用状况，能够直接带动国内就业和促进经济增长；进口部分是由国内需求和国外生产力水平决定的，是国内需求的外溢，直接带动的是国外的就业和经济增长。在经济起飞阶段，通过外资优惠政策吸引外资、进口国外资本品，对于提升国内的生产技术水平、提高劳动生产率和供给能力具有很强的推动作用。但是，随着我国消费需求进入升级阶段，内需结构逐步调整引致进口结构发生变化，由主要资本品进口向生活消费品甚至奢侈品进口转变，因此在扩大消费品进口的同时，应积极引导国内商品提升品质，培育自主品牌，扩大知名度和美誉度，提高国内自给率，实现通过扩大内需促进经济高质量发展的目标。

改革开放以来，1978—2005 年，我国总供给由 3634.1 亿元提高到 189190.4 亿元，增加了 51.06 倍。其中内部供给由 3446.7 亿元提高到 134916.7 亿元，增加了 38.14 倍；进口由 187.4 亿元提高到 54273.7 亿元，增加了 288.61 倍。在我国供给增长过程中，进口额增长速度远远快于内部供给，进而引致在我国的供给结构中内部供给占比下降、进口占比上升，到 2005 年内部供给占比由 1978 年的 94.84% 下降到 71.31%，进口占比由 5.16% 提高到 28.69%。随着"转变经济发展方式、调整经济结构"发展战略的提出和推进，2005—2009 年，总供给中内部供给占比呈现稳步提高、进口占比小幅下降的势头，到 2009 年内部供给占比提高到了 80.39%，进口占比下降到 19.61% 的水平。但自 2009 年以来，随着贸易失衡加剧和外汇储备的快速增长以及人民币升值压力的加大，政府又开始加大对进口的支持力度。2009—2011 年，进口占比又呈逐年提高的趋势，相应地，内部供给占比开始下降。2011 年内部供给占比下降到了 76.72%，进口占比提高到 23.28%。进口的快速增加有利于缓解贸易失衡和外汇储备快速增加及人民币升值的压力，但与扩大内需、稳定外需促进经济立足内需、长期平稳增长战略有些错位。因此，我国的供给管理政策应与需求政策导向相一致，采取扩大内部供给、保持进口稳步增长的调控政策，促使供给结构向内部供给主导的方向转变。尽管2011—2016年内部供给占比由76.72%提升为85.92%，进口占比由23.28%降为14.08%，但距离内需占比（97.8%）仍有一定的距离，需要采取措施进一步提升内部供给占比。这样，既能保证内需的坚实基础地位，又能逐步平衡外部的贸易失衡，实现经济主要依靠内需发展的强国富民的发展战略目标。

二　调整内需的供需结构

（一）提高最终消费占比

内需包括消费和投资两个部分。1997年亚洲金融危机的爆发促使我国政府出台了扩大内需的政策措施，其中扩大政府投资成为主要的政策工具。如图5-2所示，1997—2010年，我国最终消费需求的占比持续下降，投资需求的占比持续提高，即使在2008年国际金融危机爆发后，中央政府推出一系列的扩大内需、刺激消费的政策，也没有立即扭转消费需求占比持续下降、投资需求占比不断增加的局面。2010年，我国最终消费需求在内需中的占比下降到最低50.30%，而投资需求占比提升到最高点，为49.70%；2010年以来，投资在内需中的比重小幅下降，消费在内需中的比重小幅上升，但投资占比过高的局面未从根本上扭转。

近两年，作为最终需求的消费需求在内需中的占比达到55%，而作为中间需求的投资占比约为45%，投资占比过高的情况得到遏制，但是仍处于较高水平，这样的需求结构必然引致资产价格的高涨、投资成本的快速提升以及居民消费动力不足、生活水平提高缓慢，不利于国民福利水平的提高和经济的长期增长，也有悖于强国富民战略的实现。因此，从国家长期发展战略的角度看，如果要构建扩大内需的长效机制，那么，调整内需自身的结构、提高内需中最终消费需求占比、降低投资需求占比显得尤为重要，这应该是扩大内需长效机制有效运行的前提和基础。

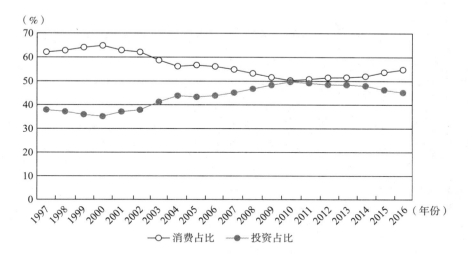

图 5 - 2　1997—2016 年内需结构的变动情况

资料来源：《中国统计年鉴》（2017）。

（二）提升内需供给率

从供给的角度看，满足内需的来源分为内部供给（自给）和进口两个部分。内部供给增加在促进消费需求和投资需求增长的同时，还能够带动就业增加、居民收入提高并促进国内经济增长。进口增加在促进国内消费需求和投资需求增长的同时，会带动外部就业增加、国外居民收入增加和外部经济增长，这是内需增加中的外溢效应。在理论上，提高内部供给能力无论是对内部经济长期平稳增长还是对国民福利水平稳步提高，进而实现强国富民的战略目标都具有决定性的意义。因此，在调整我国内需自身结构的同时，也需要高度重视对内需供给结构的调整，重点培育内部供给能力，尤其是在增加中高端供给方面，提高自主品牌的影响力，提升国产商品品质，满足人民群众日益增长的美好生活需要。1978—2016 年内需供给结构的变动情况如图 5 - 3 所示。

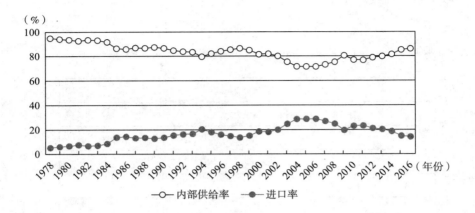

（%）

——○—— 内部供给率　　——●—— 进口率

图 5 - 3　1978—2016 年内需供给结构的变动情况

资料来源：《中国统计年鉴》（2017）。

　　改革开放以来，我国进出口贸易总量显著提升。在加入 WTO 以前的十年里，我国内部供给率一直在 83.4% 左右，进口率一般在 16.6% 左右。加入 WTO 后，2001 年到 2006 年间，进口快速增加引致进口占比不断提高，由 2001 年的 18.1% 提高到 28.7%；同时，内部供给率快速下降，由 81.9% 降至 71.3%。2006—2009 年，内部供给率占比逐年提高，进口率逐年下降，到 2009 年自给率和进口率分别为 80.4% 和 19.6%；自 2010 年以来，内部供给率的均值为 80.7%，进口率均值为 19.3%，基本与 2009 年的数据相吻合。这与我国居民消费水平提高、对进口商品需求快速提升直接相关，尤其在日用消费品领域，通过出境旅游、海淘以及跨境电商等诸多方式购买各类国外商品，已成为当今消费市场的重要组成部分。

　　随着我国经济进入高质量发展阶段，对企业发展质量提出更高要求，而提升产品品质、加大中高端供给，已成为经济发展的迫切需求，因此在深化改革过程中，企业应加大科技投入，提高自主知识产权占有率，加快提升产品质量，丰富产品内容和层次，满足不同群体消费需求，改善消费者福利，提高人民生活幸福感和满足感。

三　提高居民消费率

在构建扩大内需的长效机制过程中，需要通过加大技术和管理创新的力度，实现经济资源的优化配置、保持经济适度增长，在此基础上扩大消费需求，实现降低投资率、提高消费率、增进居民福利、增强社会稳定性的目标。

（一）我国经济增长变动情况

1978 年以来，在改革开放政策的推动下，我国经济快速增长，截至 2017 年年末，国内生产总值年均增速高达 9.51%。1978—2017 年中国经济增长率变动情况见图 5-4。由图 5-4 可知，在 1995 年以前我国经济增速波动幅度较大，1995—2006 年经济增速比较平稳，2007 年，波动幅度较大，之后经济增速呈现平稳发展态势。1978—2017 年，前十年经济增速均值为 10.2%。1988—1989 年受国际、国内特殊因素的影响，国内经济增长急剧下滑至 4% 左右的历史低点。1991—1997 年亚洲金融危机爆发前的七年间，我国经济进入第二个高速发展期，平均经济增速高达 11.5%。受亚洲金融危机的影响，1997 年后我国经济进入长达 5 年的相对低速发展期，但经济平均增速依然高达 8.3%。2001 年加入 WTO 至 2008 年国际金融危机爆发前，在开放政策和出口及外向型投资的带动下，我国进入第三个经济高速增长期，经济增速均值高达 11.3%。2008 年以来，在国际金融危机的冲击下，受外需下滑的影响，我国经济增速逐渐放缓，但在各项政策措施推动下，经济增速呈现回升态势。2012 年以后，经济增速再次回落，并于 2014 年进入经济发展新常态，经济由高速增长进入中高速增长阶段，由追求规模向提升质量转变，2017 年以来，我国经济进入高质量发展阶段，内生式效益增长成为经济发展的主旋律。

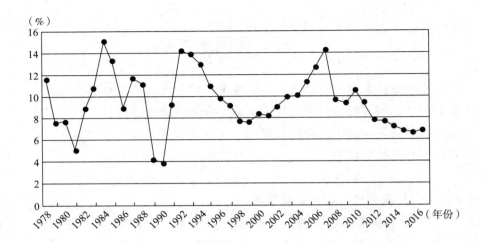

（%）

图 5 – 4　1978—2017 年中国经济增长率变动情况

资料来源：中华人民共和国国家统计局网站。

（二）支持经济增长的动力因素分析

依据经济增长函数，生产技术、资本存量和劳动力是经济增长的三大动力源。在坚持经济运行是一个整系统的原则下，利用生产函数将经济增长、有效劳动增长、资本存量增加、投资率和消费率以及通货膨胀联系起来，可以发现经济增长、投资和消费的基本关系，即在生产技术水平一定、有效劳动增长已知的条件下，消费率与经济增长负相关，投资率与经济增长正相关。也就是说，在经济增长率提高时，消费率下降、投资率上升；在经济增长率下降时，消费率提高、投资率下降。

生产技术水平是长期创新、积累和发展的结果，具有动态性、短期相对稳定性和长期发展性的特点。短期内，生产技术水平提升程度有限，因而可视为生产技术水平一定。长期来看，在科技发展和市场竞争的推动下，生产技术水平将稳步提高，提升生产效率，推动生产由外延式扩张向内涵式发展转变；但是，生产效率的提升或者全要素生产率的提高是一项系统工程，需要技术、人力资本、管理体制等各项因素的共同支持。因此，从长期发展战略的角度看，我们必须支持基础科研和技术创新，这是经济长期高效发展的核心和综合国力提升的关键。

劳动力是生产技术组合中最关键、最富有灵活能动性的因素。在生产技术水平一定、劳动力丰富、资本不足的情况下，劳动力一定程度上可以替代部分资本投入，同样，在资本充足、劳动力供给短缺的情况下，资本也可以替代部分劳动力。可以说，过去 30 多年我国经济得以快速发展，国内充足的劳动力功不可没。但是，随着我国计划生育政策的长期执行，我国总人口增速逐年下降，由 1990 年的 1.4% 降到 2017 年的 0.5%，不到 1990 年的 40%；有效劳动人口增速也基本逐年下降，由 1992 年的 1.01% 降到 2017 年的 0.05%，我国的人口结构正在发生着巨大的转变。虽然自 2016 年起，我国实行"全面二孩政策"，但是随着人们生育观念的改变，"二孩潮"现象并未出现井喷，未来劳动力充分供给状况不容乐观。因此，依托丰富廉价的劳动力、通过加大资本投入推动经济增长的发展模式已发生根本性变化。

（三）提高居民消费率

经济进入新常态以来，消费已成为拉动经济增长的第一驱动力，在推动经济发展过程中发挥着基础性作用，消费率逐渐提升，但是与发达国家相比，还存在较大差距，因此应通过多种手段，继续提高居民消费率，在提升居民福利的同时，促进经济稳步增长。具体来看，一是加大社会保障力度，增加医疗保险覆盖面，推动教育资源均衡化发展，提高保障房、公租房比例，使居者有其屋，减轻居民基本生活压力，释放消费需求。二是提高产品品质，强化质量安全保障。随着居民消费能力的提升，对商品和服务质量要求快速提高，但是由于近年来不时爆出的产品质量安全问题以及很多国内产品标准低于发达国家标准，导致大量居民消费外流，因此应尽快促进国内产品标准与国际对标，推动国产商品质量提升，并建立全程可追溯体系，加强产品质量管控，对问题产品实行召回制度，提高居民对国产商品的信任度，进而提升居民对国产商品的购买率，将境外消费拉回国内。三是完善消费环境，建立联合监督执法机制，加大对产品进入市场的关口把控力度，严控假冒伪劣商品流入市场，尤其是对农产品以及各种食品，加强质量检测，保障消费安全，同时对流通企业虚假宣传、过度促销等不法行为加以严格监管，降低消费维权成本，提高消费维权信心，进而提升消费动力，释放消费潜力。

四　实施收入分配体制改革

随着我国经济的快速发展，由收入分配体制引致的收入分配结构中劳动报酬占比偏低和收入差距扩大的问题也日益显著。虽然近年来政府不断提高最低收入标准，完善社会保障体系，提高人民生活水平，但是资本在分配结构中仍处于强势地位。收入分配问题直接影响居民消费需求增长，因此无论是从扩大内需、稳定经济增长的角度，还是从维护群众利益、促进社会和谐发展的角度，理顺收入分配关系、切实增加劳动报酬占比和居民收入都是迫在眉睫的重要任务。

（一）我国收入分配结构现状

依据国家统计局现金流量表（实物交易）的数据，净增加值在劳动者、政府和运营资本的企业间进行首次分配。这样，劳动者获得劳动报酬，政府获得生产税，企业获得资本运营收益。2000—2012年，劳动报酬在要素分配中的占比整体呈持续下降走势，劳动报酬占比由2000年的67.60%下降为2012年的57.44%。2012—2015年，劳动报酬占比小幅回升，但距离2000年的水平仍有5%左右的差距。

表5-1　　2000—2015年净增加值在生产要素中的首次分配情况　　单位：%

年份	劳动报酬占比	生产税占比	财产收入占比
2000	67.60	15.48	16.92
2001	68.82	15.50	15.68
2002	69.38	15.87	14.75
2003	68.97	16.85	14.18
2004	68.39	17.42	14.19
2005	67.12	17.09	15.79

续表

年份	劳动报酬占比	生产税占比	财产收入占比
2006	63.69	16.58	19.73
2007	62.20	17.21	20.59
2008	61.34	16.17	22.49
2009	62.82	15.84	21.34
2010	61.03	16.91	22.06
2011	57.87	16.27	25.86
2012	57.44	15.47	27.09
2013	61.94	15.29	22.77
2014	62.11	14.95	22.94
2015	62.98	14.12	22.90

资料来源：http://data.stats.gov.cn/easyquery.htm? cn = C01。

由表 5 - 1 可知，2000—2011 年，劳动报酬在要素分配中的占比由 67.60% 下降到 57.87%，下降了 9.73 个百分点。生产税在净增加值中的占比由 15.48% 增加到 16.27%，提高了 0.79 个百分点。财产收入占比由 16.92% 增加到了 25.86%，提高了 8.94 个百分点。在净增加值的要素分配结构中，劳动者处于越来越不利的地位；资本报酬占比日益提高，是要素分配的最大受益者；而政府的生产税占比相对 2000 年也有所提高，也是净增加值分配体系的受益者。可见，在"效率优先、兼顾公平"的分配思想指导下，由于相应政策和体制的系统影响，在净增加值的分配阶段，劳动力的劳动报酬处于弱势地位，而资本要素处于绝对强势地位，税收处于相对强势地位。与此相对应，以劳动收入为主要收入来源的广大民众在要素分配阶段处于弱势地位，而以资本运营为主要收入来源的企业处于绝对强势地位，以生产税为主要收入来源的政府在要素分配系统中处于相对强势地位。虽然 2012 年以来劳动报酬在净增加值分配中所占比例有所回升，但总体来看，在净增加值的分配阶段，以劳动收入为主的广大民众处于相对弱势地位。

在净增加值由劳动、生产税和财产分配的基础上，经过财产收入项下的利息、红利、土地租金和其他项目的调节形成企业、政府和住户居民初次分配的收入结构。2012 年以前，在初次收入分配结构中，住户收入占比整体呈下降趋势，特别是 2002—2012 年下降趋势明显。相对净增加值在劳动、生产税和企业经营收益间的分配结构，经过财产收入调节，负债运营的企业通过支付利息和红利，初次分配收入占比有所下降；政府和住户的初次收入占比有所提高。但由于劳动报酬占比下降较快，尽管经过财产收益的调节却依然没有改变住户在初次收入分配结构中的占比下降的趋势。

初次收入分配经过经常转移项下的收入税、社会保险、社会福利、社会补助和其他经常转移调节，形成可支配收入结构。通过经常转移调节后，住户居民可支配收入占比整体依然呈下降趋势，特别是 2002 年以来呈持续下降态势。企业和政府可支配收入占比整体依然呈上升趋势。相对初次收入分配结构，企业收益继续下降，政府收益继续增加，而居民收益在 2002 年以前相对初次收入分配占比有所提高，但 2002 年以后开始不断下降。可以判断，2002 年以来在再分配体制中存在不利于居民可支配收入占比提高的因素。

总之，依据国家统计局资金流量表（实物交易）数据，从收入分配层面看，劳动报酬、住户居民在初次分配中的收入和居民可支配收入占比在净增加值中的占比均呈下降趋势。可见，目前我国的收入分配中存在着不利于劳动者、不利于以劳动报酬为收入主体的劳动收入阶层的体制问题。通过要素分配、初次分配和再分配的结构比较，可以发现在要素分配中劳动报酬占比过低是问题的关键所在，并且经过初次分配中的财产收入和再分配过程中的经常转移调节也不能弥补要素分配过程中劳动报酬占比过低的问题。其次是 2002 年以来再分配体系中的经常转移项下的收入税、社会保险、社会福利和其他经常转移的问题，再分配过程中的经常转移不仅没有增加住户可支配收入比重，反而使住户可支配收入的比重下降；而政府初次分配收入经过再分配调节，其可支配收入占比不仅没有下降，反而不断提高。这说明要素分配是我国收入分配结构问题产生的基础，初次分配中的财产调节是收入分配结构中居民贫富差距扩大的关键，而再分配调节是收入分配的结构问题，特别是住户居民收入占比下降的重要原因。

（二）改善分配关系以提高居民消费能力

收入分配问题不仅是利益调节问题，也是关系社会和谐稳定的重大社会问题。收入分配不合理不仅阻碍经济长期平稳发展，也会抑制社会进一步发展，甚至影响社会的和谐稳定。国内需求不足的主要原因是消费需求不足，消费需求不足又主要体现为居民消费率的持续下降，而居民消费率下降的根源在于当前不利于劳动者和住户居民的收入分配体制引致的劳动报酬占比和居民可支配收入占比的下降导致的居民消费能力的下降。依据消费理论，居民收入是决定消费需求的根本因素，因而要促进消费、扩大内需就需要改进现有的收入分配体制、切实增加居民收入，提高居民的消费能力。当前我国内需不足问题的表象是消费问题，直接原因是收入分配问题，其根本是经济发展的思路、战略和目标问题。因此，解决内需不足的根本手段是调整经济发展思路和战略目标，但这是一个长期的过程，而理顺收入分配关系、调整收入分配结构是一个切实可行且有效的中期措施。因此，从我国经济长期稳定发展的角度来看，理顺分配关系，增加居民收入占比，提高居民消费率是我国促进消费、扩大内需，甚至是增强社会稳定的最重要的措施。

第六章 扩大内需的长效机制体系

一 确立民富国强目标和发展新路径

经济社会在不同发展阶段的主要目标和路径不同。随着我国经济进入高质量发展阶段，经济发展模式发生变化，由追求规模转向提升质量，由外延性增长转向内涵式发展。中国经济进入新时代，需要在新发展理念指导下，树立民富国强的目标和发展新路径。

（一）确立强国发展战略

世界主权国家依据不同的标准可以划分为大国和小国以及弱国和强国。从经济发展的角度，大国一般具备人口众多、地域广阔、资源丰富、国内市场容量大、经济规模大等特征。强国一般具备生产效率高、技术领先、经济发达、国民福利水平高等特征。大国经济具有典型的规模经济特征和经济聚集效应，大国重视国内市场的开发、依赖国内市场，经济发展的重心是国内市场，其经济发展具有明显的内部倾向性。强国除具有经济大国的一般特征外，还具有创新能力强、竞争力强、盈利水平高、经济组织先进、引领世界经济的能力。强国更重视技术研发、经济组织方式和经济增长质量，并主要依靠软实力占据、控制高端市场并对全球经济具有很强的制约力和影响力。

我国经过40年的外向型发展模式，经济大国的地位已经基本确立，由传统农业社会向现代工业社会转型基本完成，已经开始步入向成熟社会提升的阶段。在经济全球化时代，在由传统农业社会向工业

化社会过渡的过程中，为了加快资本积累、实现赶超战略，我国选择
外向型的发展战略具有很强的现实性；但是，在经济大国地位确立
后，步入向强国转型提升的新阶段，过去的追求经济规模扩张的赶超
发展战略可能不再适用，需要全新的发展战略引领我国未来经济社会
的发展方向。从经济社会的发展阶段来看，确立强国发展战略应该是
适应我国经济发展趋势和要求的战略选择。

（二）确立民富国强的发展目标

改革开放 40 年来，我国经济规模已由 20 世纪 70 年代的第 13 位
跃升至目前仅次于美国的第二位，实现中国经济增长奇迹。可以说，
很好地解决了"国弱民贫"问题，国家经济实力和民众生活得到很
大的提升和改善，但同时由于发展目标和路径以及体制和机制的原因
也产生了一些新的经济和社会问题。2014 年以来，我国经济进入新
常态，经济增长模式发生转变，发展过程中产生的一系列新问题需要
在新的发展目标和路径的指导下逐步解决。

现阶段我国需要在强国战略指导下，确立"民富国强"的发展目
标，进而探寻民富国强的发展新路径和新型发展模式。因此，民富国
强是我国经济社会发展新阶段的新要求和必然的战略选择，也是我国
经济发展立足国内市场，培育民族企业，扩大内需和提高供给质量，
进行体制机制改革，构建扩大内需长效机制的基点。

（三）积极探寻民富国强的发展新路径

经济进入新常态以来，我国经济由高速增长转变为中高速增长，
经济增长进入调结构稳增长阶段，扩大内需、提升消费在经济增长中
的基础性作用，成为重要内容。随着我国经济发展进入新时代，经济
增长转向高质量发展阶段，推动高质量发展是当前和今后一个时期经
济发展的主旋律。推动高质量发展，必须坚持质量第一、效益优先，
以供给侧结构性改革为主线，推动经济发展质量变革、效率变革、动
力变革，建设现代化经济体系，不断增强我国经济创新力和竞争力。

目前看，我们面临错综复杂的国内外形势。一方面，按照高质量
发展要求，以供给侧结构性改革为主线，改善供给质量，增加有效供

给；另一方面，也必须在推动高质量发展过程中，注重扩大内需，形成扩大内需的长效机制，不断增强消费对经济发展的基础性作用，不断发挥投资对优化供给结构的关键性作用，保持经济在合理区间运行，推进中国制造向中国创造转变，中国速度向中国质量转变，制造大国向制造强国转变，从而也为深化改革、扩大开放提供更大的施策空间。

（四）努力构建民富国强的激励机制

当前，扩大内需已经成为我国经济发展的长期战略。扩大内需的前提和基础是民富，扩大内需的保障是有效投资推动下的有效增长，因此，我国的经济发展的基本目标是民众富裕，让民众享受经济发展的成果；经济增长的方式由规模投资向有效投资转变，改"大水漫灌式"投资为定向投资、精准投资，提高资金的使用效率。民富国强的发展目标和扩大内需的发展战略是我党的执政理念和执政能力在新的历史时期和发展阶段面临的新挑战，结合现实基础，充分发挥政治智慧，从顶层设计民富国强发展目标、发展路径和激励机制，是扩大内需长效机制设计的重点、难点和关键点。

二　增加居民收入占比

随着经济进入新常态，经济增速由高速降为中高速，但居民可支配收入仍保持合理增速，使消费增长成为经济增长的"压舱石"和"稳定器"，但是在经济进入高质量发展阶段后，能否一直保持居民收入快速增长，是当前经济发展必须面临的一个难点。在经济增长速度下降的同时，要求提高居民收入和增加居民收入的占比是一件非常困难的事情。因为正常情况下居民收入的提高首先需要有就业的保障，而经济增长是就业保障的必然要求。在经济增速下调的情况下，就业压力将会加大，居民收入提高的难度加大。其次，即使在经济增长速度保持一定水平的条件下，要提高居民收入就意味着政府收入或者企业利润的下降，企业的利润下降将会打击企业家的经营积极性，影响企业的经营决策，长期来看，对居民收入的提高未必有利。最后，如何增加居民收入占比也是需要认真对待的一个难题。

另外，居民收入占比的提高，必然对应企业经营利润和政府税收收入占比的调整，可以发生在初次分配阶段也可以发生在再分配阶段，无论该过程具体发生在哪个阶段和环节都需要有相应政策的调整和保障，并且前提是不要对企业积极性打击太大，需要一个平稳的、逐步的过渡来完成。因此，在扩大内需长效机制的构建过程中，尽管增加居民收入和提高居民收入占比基本已经达成共识，但是，如何操作及通过何种措施和手段来实现都是在制度设计和政策制定时必须面临的非常关键而困难的问题。

政府应该充分发挥其在市场经济条件下的重要职能，在增加居民收入举措的执行过程中妥善兼顾"造血"和"输血"功能，努力通过各项举措来推动居民收入的持续稳步提升。具体做法如下：一是积极扩大居民就业。就业是民生之本，只有不断创造就业岗位和积极推动居民就业，才能实现收入的持续增长。二是构建有利于促进居民消费的税制结构。积极推动结构性减税，更加注重税负的纵向和横向公平，大幅降低中低收入家庭的税收负担，通过"藏富于民"的方式改善居民消费结构；同时，在不提高企业经营成本的前提下，通过调整企业税负和工资费用，来提高就业人员的工资性收入。三是继续关注"三农"问题，提升农村居民收入水平。促进农村居民收入结构优化，大幅增加农村居民收入。四是充分发挥财富效应对消费的促进作用。进一步规范资本市场的发展，不断提高居民在基金、债券和股票上的投资，通过稳步提升投资收益和财富效应来促进居民消费。

与此同时，根据凯恩斯消费理论，长期来看，居民平均消费倾向呈现递减的趋势。因此，为了扭转这一趋势，一方面，要不断地根据富裕阶层消费层次的改变而调整高端商品的税制结构和税负水平，扩大其消费；另一方面，要切实维护低收入阶层收入增长的可持续性，加大对低收入阶层和贫困地区的政策性照顾和致富产业引导。同时，要积极推进收入制度改革，更加兼顾社会收入公平。

三　稳定居民收入预期

消费者预期对当前消费行为抉择具有重要影响，不确定的收入预期会提高人们的预防性储蓄动机，降低居民消费意愿和减少当前消费支出；而稳定的收入预期，有利于改善当期的消费行为，降低预防性储蓄动机，提升消费支出。我国处于市场经济转型过程中，加之就业的市场化，使得居民的工资性收入呈现出明显的"经济周期性"，无论是农村居民收入还是城镇居民收入都呈现出不确定性。资本市场和货币市场发展的桎梏，使得流动性约束较强，居民的预防性储蓄动机意愿强烈，居民消费支出与收入预期呈现出显著的相关性。

逐步完善企事业单位职工福利，对于职工工作期间发生的重大事件（疾病健康等）提供救助办法；认真落实员工"五险一金"权利义务，积极推进带薪休假制度、最低工资标准的使用，提高员工的工作积极性；积极推进公司股权制度改革，完善内部股权认购制度，让员工切实分享公司成长收益。劳动部门和工会组织要认真落实责任，对于非法解除用工合同的行为和企业给予严厉处罚，切实保障员工权益和收入的稳定性。

积极通过各项举措实现农村居民经营性收入和工资性收入的稳定增长，鼓励农村居民为生产经营活动而购买保险，降低因季节性、气候性、经济性等不可抗力因素所造成的经营收入的风险；同时配套完善农村救灾资助办法，避免因灾返贫现象。完善农村基础设施，提高农产品流通的时效性，积极构建以乡镇为主体、以县城为中心的农产品集散中心和物流配送中心，形成完善通达的农村流通网络体系，加快农产品的输出效率，降低农业经营风险。加快进城务工农民工的社会保障体系的构建，反对用工歧视，坚决打击拖欠农民工工资的非法行为，稳步提升其工资性收入。

四　完善社会保障体系

近年来，我国社会保障体系不断完善，成效显著。但是持续完善社会保障体系需要政府和社会继续增加公共服务支出，同时减轻居民负担又需要政府减免税费，必然造成政府收入减少但支出增加的结果。这对政府来说是一个两难的困境。因为公共服务支出的增加需要政府税费收入增加来保障，社会保障体系的完善也需要政府收入增加来支撑，但是在减轻居民负担的要求下，政府需要进行税费调整以减轻居民的税费负担，很有可能会引致政府税收收入下降，无法满足社会保障体系的公共服务支出的需求。政府只能通过发债解决这个两难困境，但长期的债务积累又会使政府陷入债务困境。因此，完善社会保障体系和减轻居民负担这对矛盾如何解决，也是我们构建扩大内需长效机制必然会面临的重要矛盾之一。

在构建扩大内需长效机制时，需要充分考虑体制转变因素造成的谨慎性消费问题和社会保障体系不健全造成的预防性储蓄行为两种因素。在对上述因素进行深入分析的基础上，有针对性地逐步完善社会主义的收入分配制度，逐步提高居民的劳动收入占比的同时，加快完善社会保障体系，尽可能地通过社会保障体系的建设和完善解除居民的养老、医疗、教育、住房等大额刚性需求和意外支出需求的后顾之忧，进而减少居民的预防性储蓄行为，降低预防性储蓄意愿，提高居民的消费倾向，增加消费支出，进而扩大内需，带动经济向内需主导的稳步持续增长转型。

鉴于公共事业的社会服务属性，政府应通过增加市场供给和财政补贴相结合的方式解决居民"看病难、住房贵、教育资源不均衡"等问题；不断扩大公益性社会机构规模，完善救助资助办法，逐步解决低收入阶层的公共服务需求。继续扩大社会保障覆盖范围，通过逐步建立覆盖城乡所有劳动者的社会保障体系来不断解开消费者群体不愿、不敢消费的心理情结。同时，根据产业发展规律，有效引导居民消费，鼓励政府加大对绿色环保产品的补贴，降低其市场价格；逐步完善政府采购制度，适度扩大政府消费。加快物流园区和物流配送中心建设，形成便利社区居民消费的流通体系和商业业态布局。同时，根据农村居民和城镇居民不同的公共服务需求，构建健全的服务体系，逐步减轻居民"预防性消费"的负担。

第七章 扩大内需的"非收入"
措施建议

庞大的人口数量使我国拥有世界上最大的国内市场和巨大的发展潜力空间，这既是我国扩大内需的天然优势，也是我国依赖内部需求、抵御外部冲击的重要基础。关于扩大内需，现在学界、政界似乎达到了一些共识，如提高劳动报酬在初次分配中的比例；提高家庭消费在国民收入中的比例；增加教育、医疗、社会保障公共支出；减少家庭预防性储蓄；政府减税，藏富于民；企业尤其是占有垄断地位的国有企业应该增加分红，把盈利的一部分用来补充社会保障基金缺口；等等。但是，如何在促进消费层面，提出扩大内需的措施建议，一直没有得到很好的解决。因此，本章基于经济学相关理论的一般分析方法，着重于经济系统不同环节彼此作用的可持续性，具体从宏观经济环境层面的政府和微观市场主体层面的企业和消费者三个主体、两个层面的视角，来构造一个立体的扩大内需尤其是消费需求的举措框架，以期为我国顺利实施扩大内需战略尤其是扩大居民消费提供应有的理论指导。

一 宏观环境层面

由于市场竞争的非完全性、信息不对称和外部性等"市场失灵"因素的广泛存在，使得政府"有形之手"的积极市场参与是必要的也是必需的。一方面，作为主要从事商品和服务交易的市场经济，买卖双方彼此信息在很大程度上是不对称的，尤其是作为买方的消费者需要政府或第三方提供有利于消费的信息披露，以降低市场交易成本，促进消费的时效性和便利性。另一方面，消费问题很大程度上是宏观问题，因其直接性或间接性的因果导向而主导着经济结构和产业结构，同时，储蓄和消费此消彼长的特性对于宏观经济政策的抉择和实施意义重大。因此，基于宏观视角，正确把握影响消费的因素和因果链条是构建扩大消费举措的重要环节。

（一）健全和完善流通设施供给

发挥流通对消费的促进功能，以完善流通设施为支撑，为消费提供保障。围绕提高流通效率、方便群众生活、保障商品质量、引导生产发展和促进居民消费，加快推进流通产业发展方式转变，着力解决制约产业发展的关键问题。一是通过进一步深化流通体制改革，建立起统一开放、竞争有序、安全高效、城乡一体的现代流通体系。二是进一步完善流通设施，提高流通设施供给能力。鼓励大型流通连锁企业开展"渠道下沉"，提高农村现代商业设施的普及率，同时提高农家店商品统一配送率和信息化管理水平，打造农产品产销一体化流通链条，完善农商物流对接体系，提高农产品上行供给水平。在城市商业体系中，推动市级商业中心实现特色化差异化经营，支持特色商业街做深做特，推进特色商贸功能区建设，加大对商业网点和配送中心等流通节点的建设力度，进行布局选址的科学规划；进一步加快郊区新城商业区建设，提高社区商业经营服务水平。积极整合社会配送服务资源，加快推进城市共同配送体系建设。三是将新发展理念落实到专项流通领域，提高流通业整体发展水平。在医药流通领域，加强药品流通行业管理，推进药品流通行业的流通方式现代化和多元化经营，规范药品流通市场秩序，杜绝假冒伪劣药品，强化药品监督体系监管力度，保障人民生命健康安全。在资源回收领域，加快完善再生资源充分回收利用的循环发展模式，建立逆向物流体系，提高资源循环利用率，加快绿色流通体系构建。四是鼓励商业模式创新，发展体验式消费、服务连带消费、个性化消费等新型消费方式；在发展网络销售的同时，注重商品目录销售、电视媒体销售等无店铺零售模式发展，丰富零售模式；加快发展零售商自有品牌，以自有品牌作为提高企业竞争力的核心价值，充分提升自有品牌商业的市场地位。五是积极支持建设和改造一批具有公益性质的流通设施，降低流通企业物流运输负担；推进工商用电用水同价，落实好鲜活农产品运输"绿色通道"政策，规范农产品流通领域收费行为，坚决取缔违规和不合理收费，切实降低流通环节费用。

（二）以城市化推动居民消费

近些年来，我国城镇化进程呈加快趋势，步入快速发展期。截至2017年年底，我国的城镇化水平达到58.52%，农村人口比重由1978年的82.1%下降到41.48%。发达国家城市化进程的实践证明，城市化将会成为我国经济增长的新"火车头"，其在扩大内需、拉动经济社会快速发展的进程中将会发挥越发突出的作用。

不同于工业经济注重扩大生产来增加市场供给，城镇化很大程度上具有服务经济的特性，即通过市民消费来创造需求。相关测算显示，城镇化水平每提高一个百分点，将拉动最终消费增长约1.6个百分点。根据国际经验，城镇化率一般稳定在70%的水平上，我国距离达到70%的城镇化水平还有近12个百分点。因此，可以说城镇化是扩大内需、拉动经济增长的一个重要举措。为了加快推进城镇化进程，充分发挥城镇化对扩大内需的积极作用，需要继续做好以下具体工作。一是积极稳步推进我国城镇化进程，通过科学的城市规划，积极妥善处理"城市病"现象，同时，要更加注重大、中、小城市联动发展，促进产业融合与协同，扩大城镇居民就业领域，拓宽居民收入渠道；二是充分重视城镇社会保障体系建设，注重在体制机制上寻求重大突破和改革，加快在户籍、医疗、教育、养老、保险、住房等重点领域的改革进程，实现城镇居民稳定乐居的社会经济环境，引导农村居民向城镇转移，加快市民社会的形成；三是优化城镇产业结构，各地要切实根据资源禀赋、环境条件、人力资本等重大地方实际，寻求最佳产业引领突破口，大力发展现代服务业，拉动居民就业；四是积极挖潜城镇化对居民消费的释放效应，创造有利于市民扩大消费的市场条件，推动市民健康积极消费。

（三）持续改善消费环境

市场经济是建立在信用基础上的。当前，我国消费环境欠佳，一定程度上抑制了一定规模的消费。因此，政府职能应该充分发挥其"有形之手"的积极作用，通过行政手段、法律手段、经济手段等逐步改善市场消费环境，提高居民消费满意度。

一是积极加强媒体网络等传媒手段的市场监督，不断形成优质企业政府奖励办法，鼓励企业积极开展诚信经营活动，加快食品饮料、餐饮等相关领域的行业规范和质量标准的设立，形成完善的评估体系和生产规范，从源头上杜绝食品安全、假冒伪劣等非法市场行为。严厉打击任何侵权和假冒伪劣行为，开展商务领域信用建设试点，推进商业服务质量标准化建设，提升商业窗口服务质量和水平。二是稳定市场价格，形成市场价格波动评估机制，通过适时的市场跟踪，来有效指导市场微观主体行为，逐步解决因市场供求严重失衡而引发的价格大幅波动的行为，稳定价格预期。鼓励正当的市场竞争行为，对于任何依靠市场垄断地位压榨消费者和相关上下游供应商的行为给予严厉打击。三是加快有利于营造消费环境的信息化建设，通过信息化平台建设，有效沟通微观市场主体，正确反映彼此诉求，积极鼓励消费者对于宰客、欺客以及其他违法行为进行举报。相关市场监管部门要切实遵循相关法律法规的规定，坚持公平、公开、公正的角色定位，反对有法不依和执法不严的不正当行为，认真规范媒体宣传行为，对于鼓吹、虚假宣传行为进行依法取缔，同时，严厉打击任何形式的媒体腐败行为。四是积极完善有利于构建市场诚信体系的法律法规，加大对关系顾客人身安全健康的行业和企业的监管，对于任何破坏市场秩序的行为给予严厉的打击。建议措施如下：①出台专门的商业信用法律，对企业的"失信"行为建立严格的惩戒机制，使"诚信"成为一种社会责任；②建立联合监管体系，堵塞市场监管和质量认证程序中存在的管理"空白"，从源头上切断不诚信产品进入市场的通道；③建立行业诚信联盟，由行业组织制定统一标准，对失信企业进行严惩，严重者驱逐出本行业，使"诚信"成为企业的一种自律行为；④建立独立的商业信用评价体系，通过制定商业信用标准、建立商业诚信档案数据库，减少经营者与消费者之间的信息不对称现象，推动信息透明化、实现信息共享，降低消费者的"搜寻"成本。

二　企业层面

正如萨伊定律所言"供给创造需求"，企业作为市场经济运行过程中"创造需求"的主体而存在。企业生产活动既是消费需求引致的结果，也是促进消费的前提环节。与此同时，作为促进生产和实现消费的关键"媒介"——金融机构则对供求两侧实现使用价值和价值的交换发挥着至关重要的作用，甚至在一定程度上能够决定消费的实现。

（一）提升产品创新能力

创新是经济发展的源泉，在当前消费群体日益多元化、消费结构日益动态化的背景下，"摩尔定律"发挥了魔力，可以说产品差异化日益成为企业保持持久竞争优势的关键所在。产品创新要根据市场需求导向来开展，对不同收入层次的消费者进行未来需求的细分，通过先进和时尚的理念，来提供更多"量体裁衣"的创新消费品。加之，由于不同收入阶层的消费需求和不同消费群体的消费倾向存在着明显的差异，因此，要想提高整体的居民消费，就必然要针对不同的收入群体提供差异化的解决方案，通过积极开发不同的消费热点，使消费群体能够更多地消费自己阶层所热衷的产品和服务。积极按照政府产业导向政策和居民潜在消费热点，不断在新能源汽车、节能家电家居产品、消费电子产品等领域进行技术创新和时尚设计，形成引领消费的创新产品体系。

此外，积极开展市场营销活动，通过产品发布会、交易展览会等渠道宣传新型产品，同时，根据企业实力和目标受众的规模，有针对性地选择户外广告、报纸、杂志、电视、网络等媒介推广公司产品，形成顾客的凝视效应，进而引导其消费。积极扩大网络视频、网络音乐、网络游戏、网络图书、移动多媒体等市场营销规模，推进各类文化用品在网上销售。密切关注市场需求的变化，适时调整库存产品，通过不断加大折扣优惠活动来盘活公司资源和扩大消费。积极参与政府部门旨在扩大消费的"以旧换新、产品下乡"等活动，加强自身产品质量和品牌体系建设，形成良好口碑，挖潜农村消费市场。要更加重视服务体系建设，维持同消费群体的良好沟通，不断提高消费者满意度，培育顾客忠诚度。

（二）以信息化手段便利居民消费

随着智能通信工具和互联网应用的广泛普及，人们的消费方式日益呈现出数字化、信息化和时效性的特点，电子商务的快速发展更是促进了商贸业态"虚拟化"和消费习惯"一点通"的进程，线上交易的规模日益膨胀。生产企业要预见性地培育新型消费模式，促进网上购物、电话购物、手机购物等无店铺销售形式的规范发展，通过积极构建网上电子商务平台，发展网上超市、网上百货店、网上专卖店和网上大卖场等新型网络商业业态，构建"线上＋线下"共存的店面平台，适应消费群体新型的网络购物模式。同时，积极同银行、保险、信用担保机构合作，不断根据消费者的新需求开发新型信用销售门类，促进信用消费。

积极推进便利居民消费方式。通过建设网络酒店及旅行社中央预定系统、网络票务预定系统、网络旅游产品预订系统等专业旅游电子商务服务平台，打造"互联网＋呼叫中心"的旅游新业态，便利游客旅游消费。同时，通过创新互联网支付、固定电话支付、数字电视支付、移动电话支付等支付服务方式，以及不断丰富网上信贷、网上保险、网上证券交易、网络金融衍生品等网上金融业务，来节约消费支付时间。大力推进便民商业店铺、卖场、超市等百货业态的建设，形成服务社区、街区、中央商务区全方位的商业空间布局和一体化消费服务中心，便利不同消费群体的消费需求。

（三）加大金融支持促进消费的力度

生命周期理论认为，完善的金融资本市场对于居民实现跨期平滑消费具有重要的支撑作用。同时，由于消费主体进行市场交易时会存在现时的资金缺口，需要金融机构提供融资需求。然而，我国资本市场发展不完善和金融机构信贷的大量约束使得我国的消费信贷整体呈现出供给不足的局面。直接融资和间接融资渠道的不畅通，使得居民的流动性约束加大，储蓄意愿增强，从而导致消费意愿下降或消费行为的谨慎。在当前扩大内需的环境下，积极提供金融支持以促进消费规模扩大是题中应有之义。

一是不断创新金融信贷产品，促进居民跨时消费的实现。由银行提供的间接融资是我国消费信贷的重要渠道，作为理性的市场主体，银行等金融机构需要资产抵押和信用担保来降低债务人的道德风险，因此，形成资质可靠、市场认同度较高的第三方评估机构对于合理评估抵押资产，降低银行风险具有重要意义。同时，增加可抵押资产的范围，完善无形资产、债券抵押、商业用地抵押的规章制度，发展消费融资债券等金融产品。积极鼓励银行同零售企业合作，提升电子结算水平，扩大银行卡使用范围，引导消费者使用信用卡进行消费结算。

二是积极支持农村信贷产品和管理模式创新，探索针对农村居民收入特点的分期支付制度，降低一次性大额信贷支付压力；大力拓宽小额信贷实施范围，解决农村居民生产性消费资金不足的状况，降低其流动性约束，实现跨期平稳消费。

三 消费者层面

消费者是扩大消费的关键角色，政府和企业在很大程度上只是提供了消费的环境和消费的对象，因此，如何扩大消费，关键的着力点要切实落到每一个消费者身上。同时，经济理论表明，消费者的消费行为受到商品自身价格、替代商品价格、收入预算、个人偏好、流动性约束、消费文化以及纵向的"棘轮效应"和横向的"示范效应"等多重因素影响，基于此，认真考量上述因素，提出针对性措施，对于扩大消费者消费具有重要的推动作用。

（一）培育新型消费模式
消费行为受内外因素的影响而呈现出动态的演进趋势，同时，马斯洛需求层次理论表明人们的需求层次会逐步提升，近些年来，新型消费需求不断涌现，体验式消费、自助性（DIY）消费、个性化消费等创新型消费模式的需求快速上升，绿色低碳健康消费理念深入人心并形成消费热点。我国人口总量较大，不同收入阶层的人口绝对量其规模亦相当可观，不同阶层的消费群体消费的对象会因其消费结构的差异性而不同。因此，要更加注重目标市场的细分和推进不同阶层消费结构的动态演化，积极鼓励消费者消费结构的升级。

一是积极响应消费者服务性消费的需求，促进餐饮住宿、家政服务、美容美发、文化健身、休闲娱乐等服务消费的规范发展，积极通过市场手段，不断提高相关行业服务能力和技术水平。大力加强新型消费服务设施建设，预见性地科学规划和建设汽车宿营地、游艇码头、加油站、加气站、充电站等便民服务设施。加快推动商业与文化、教育、体育、旅游服务业的融合发展，支持文化产业园、艺术街区、国际品牌街、酒吧餐饮街等发展。根据消费结构变化特点，培育发展老年用品、婚庆用品、婴儿用品等热点消费商品市场。

二是积极与移动技术、物联网等信息技术对接，加快其在商贸服务领域的广泛应用，积极培养自助结账、电视场景关联购物等多种新型消费方式。同时积极迎合消费者"随时、随地、随身"消费的偏好，通过提高服务质量和消费效率，来优化消费体验，进而扩展消费者的消费空间。

（二）提升消费文化内涵

我国消费文化长期以来一直是以注重节俭、量入为出为主，然而由于市场化进程的加快推进，一方面造成绝大部分人收入预期不确定性增强和边际消费倾向递减；另一方面一部分率先富裕起来的人们，尤其是"85后""90后"以及"95后"等年青一代，受到西方消费习惯和文化的影响较多，存在追求奢华、盲目消费、铺张浪费等行为。应通过培养积极健康的、可持续的消费文化，提升新一代消费者消费文化内涵，塑造我国居民健康的消费行为，为绿色可持续发展提供助力。

一是积极主张循环和可持续的消费理念，反对盲目追求时尚的攀比消费和大量借贷的超前消费行为。强化对媒体等广告推介手段的规范，合理引导时尚消费文化。积极倡导绿色消费理念，通过开展"绿色消费进社区"活动，大力倡导文明、节约、绿色、低碳的科学消费理念，减少一次性消费、过度消费、掠夺式消费等不科学的消费现象；加快完善废旧物品的回收制度，鼓励居民根据国家的"以旧换新"和绿色节能环保政策，积极对节能环保产品进行置换和购买。二是科学引导金银珠宝、高档家具、时尚皮包、艺术收藏品等投资保值类商品的消费；支持、鼓励对传统民族特色产品的消费，推进民族工艺和传统文化习俗的传承。三是政府相关职能部门，进一步加强市场监测与预测预警分析，科学把握消费发展趋势，做好绿色循环、可持续消费的宣传推广工作，形成健康的消费文化氛围。

专题1：流通促进消费机理、面临问题及对策

依绍华　王　欣[*]

一　流通理论演进

（一）马克思经济学流通理论

流通这一经济现象在人类社会已经有几千年的历史，首先对流通作出科学评价的是马克思。马克思经济学的理论体系可以概括为四大相互关联的环节：生产、交换、分配、消费。其中，流通理论是交换理论的重要组成部分。马克思在流通形式、流通作用、流通费用、流通时间等方面建立了系统的流通理论，充分阐明了在市场经济条件下流通的一般规律，及其在资本循环和资本周转中的作用。

（二）西方经济学的流通理论

17 世纪初，重商主义的代表人物英国经济学家托马斯·孟指出，流通是财富的源泉，对外贸易是增加国家财富的主要途径。之后，亚当·斯密将生产与交换联系起来，提出分工理论。大卫·李嘉图在

---

　　* 依绍华，经济学博士，现为中国社会科学院财经战略研究院研究员，研究方向：流通理论与政策、农产品流通、消费问题。王欣，经济学硕士，研究方向：流通经济、产业经济。

《政治经济学及赋税原理》一书中提出了著名的比较优势理论，奠定了国际贸易的基础，引导之后的古典经济学家更加重视国际贸易问题，使原本薄弱的国内贸易或流通理论被逐渐遗忘。

代表人物马歇尔在《经济学原理》中运用边际分析方法，将价格理论数学化，建立了严密的经济学分析框架，使得古典经济学的分工理论和流通思想在新古典经济学体系中逐渐趋向弱势地位。保罗·A. 萨缪尔森 1948 年出版的《经济学原理》分为微观经济学和宏观经济学两部分，前者延续马歇尔对市场、厂商和供求的边际分析，后者沿用凯恩斯经济学理论。从此，主流经济学成为一种以供求分析为基础的资源配置理论。在一个近乎完美的假设框架下，一方面，生产者和消费者是截然二分的，作为生产者的企业是预先假定存在的，这同时决定了社会分工结构进而经济组织结构也是事先外生给定的①；另一方面，生产者和消费者直接见面，通过一种免费的价格机制完成交易。这使得企业的产生及其内部组织结构、交易、流通等理论研究变得毫无必要。新古典经济学最终完全偏离了古典经济学的传统，导致流通这一有形概念逐渐淡出主流经济学视野。

制度经济学则继承了古典经济学关于制度与交易费用的研究传统，非常重视经济组织问题，弥补了新古典经济学组织理论的缺陷。新制度经济学的代表人物科斯在经典论文《企业的性质》中指出，"企业"在新古典经济学的分析框架中是假定存在的。他深入考察了市场交易和流通问题，运用交易费用理论解释企业的存在。

紧随新制度经济学的兴起，华裔经济学家杨小凯于 20 世纪 80 年代开创了新兴古典经济学派。基于"专业化与交易费用的两难冲突"，解释了城市、中间商和交易的层级结构等如何从分工中出现，进而也解释了国内贸易是如何发展为国际贸易的。

虽然从新古典经济学开始，流通理论淡出了西方主流经济学的研究领域，但是，一些西方经济学派从应用的角度出发，仍然对流通的某些问题进行了研究。区域经济学对商业规模和布局问题进行了主要

---

① 杨小凯、张永生：《新兴古典经济学与超边际分析》，社会科学文献出版社 2003 年版，第 10 页。

研究。20 世纪初，韦伯提出了工业区位理论，从交通运输距离的角度分析了工业的聚集扩展对商业集聚的影响，以及城市内和城市间的商品流通问题；奥沙利文不仅将聚集经济原理用于对工业聚集的分析，也用于对商业聚集的分析。戴维·巴滕和戴维·博伊斯建立了空间相互作用、运输和区域间商品流通的"商圈"理论模型，对区域内商业企业的规模和布局问题进行了研究[1]。需要指出的是，当代日本学者将流通视为一种重要的产业，对流通理论进行了系统研究。如，林周二提出了系统的流通革命理论，阐释了流通革命的起因、内在机理、基本形式和影响[2]。

二　流通业对消费的作用机理

（一）　国内研究综述

国内学者对流通与消费的关系进行了一定的研究，但总量偏少。主要代表性观点有，黄国雄（2002）指出流通业的发展关系到人们的消费形式、生活方式和质量。只有通过流通，才能实现产品价值，满足人们的物质和文化生活需要。宋则（2006）认为现代流通服务业的强大影响力在于最大限度地减少各种形式的"财富的沉淀和静止、资源的闲置和浪费"，提高所有时点中实际发挥作用的社会产品所占的比重，最大限度地消灭闲置、损失和浪费，有利于优化经济结构和流程，增进农民收入和消费。冉净斐（2008）运用自回归分布滞后模型和相关统计资料，对流通与消费的关系进行了实证研究。研究发现，当期的社会消费品零售总额与消费呈正相关关系，滞后一期的社会消费品零售总额与消费呈负相关关系，当期的社会消费品零售总额对农村居民消费的带动作用最强[3]。即流通业的发展对消费具有

---

① 任保平：《马克思经济学与西方经济学商贸流通理论的比较》，《经济纵横》2011年第 2 期。

② 转引自周利国《中国农村商贸流通研究》，中国财政经济出版社 2009 年版，第 15 页。

③ 冉净斐：《流通发展与消费增长的关系：理论与实证》，《商业时代》2008 年第 1 期。

促进作用，对农村居民消费的促进作用最大。丁凡凡（2012）利用时间序列工具分析了我国 1992—2010 年流通业发展与居民消费之间的关系，指出流通业发展与居民消费之间存在着长期稳定的关系，并且具有双向因果关系，流通业的发展在一定程度上能够带动居民消费的增长。

（二）流通、流通业的定义

我国最早提出"流通一般"概念的是经济学家孙冶方（1981），他认为流通是社会产品从生产领域进入消费领域所经过的全部过程，由不断进行着的亿万次交换构成流通[①]。马龙龙（2006）认为流通是产品从生产者到消费者转移的社会的、经济的移动过程，不仅包括物品本身的移动，还伴随着商品所有权的转移[②]。夏春玉（2009）认为流通是指不包括货币、资金、人和服务的有形商品或产品的流通，包括商流、物流和信息流[③]。综上所述，流通是一个不断重复并呈螺旋式上升的过程，通过商品实体和所有权的不断转让，实现商品所有者的不断变化，直到消费者的最终占有[④]。

流通产业是以商品流通为核心的经济活动产业。根据马克思的流通本质观，流通业是"商品交换发达形式"的产业载体。国际上一般称流通业为分销业（Distribution），指生产者向消费者转移商品本身及商品所有权的全部过程。国内业界没有对流通业的统一定义。流通业通常被分为广义、狭义和泛义三种，广义的流通业包括商业、物流业、信息业和金融业，狭义的流通业只包括商业和商业服务业，而泛义的流通业除上述行业之外还包括商务服务业、生活服务业等。如下分别是广义、狭义和泛义三种观点的代表者：丁俊发（2011）认为我国应该形成一种大流通观，流通业是一种包含批发和零售业、商贸物流业、餐饮住宿业、社区服务业、金融业、信息业等在内的复合

[①] 孙冶方：《流通概论》，《财贸经济》1981 年第 1 期。
[②] 马龙龙：《流通产业组织》，清华大学出版社 2006 年版，第 3 页。
[③] 夏春玉：《流通概论》，东北财经大学出版社 2009 年版，第 6—7 页。
[④] 依绍华：《流通业对扩大内需的促进机制及对策研究》，《价格理论与实践》2014 年第 5 期。

型产业，是以商流为主体，以物流、信息流、资金流为支撑的产业形态①。宋则（2009）认为对流通产业的界定，必须以流通为基点，包括两层含义：一是看其是否专门从事商品流通活动；二是看其是否专门为商品流通活动服务。故而，流通业包括两大部门：商业（包括批发和零售业）、专门为商业服务的行业（包括仓储业、运输业、包装业等物流业）②。洪涛（2011）认为流通业包括批发和零售业、住宿和餐饮业、物流配送业、电子商务业、商务服务业（包括拍卖业、租赁业、旧货业、典当业、会展业、商业咨询业、商业培训业以及商业信息业等）、生活服务业（包括美容美发业、家政业、洗染业、沐浴足疗业、摄影扩印业、修理业等）、各类生产企业的分销渠道组织等③。我国目前的官方统计中，流通业只有批发和零售业、住宿和餐饮业。因金融业、信息业、商务服务业和生活服务业等相关行业不再专门服务于流通过程，而是服务于整个社会生产和生活，本文将流通业的研究范围设定在狭义的流通产业内。

（三）流通对消费的作用机理

（1）流通影响消费的最终实现和实现程度。在商品经济条件下，商品的实现必须经过流通，流通通过其所有权转移及物流功能实现商品从生产者到消费者的转让。如果没有流通，产品将无法进入市场，也无法满足消费者的需求。另外，流通的规模、效率及结构决定消费者的消费需求能否得到满足和满足程度的大小，商品充足、流通顺畅可以促进消费水平的提高及消费规模的扩大。

（2）流通能够引导供求平衡，促进新的消费需求形成。流通是生产和消费的桥梁和纽带，一方面，通过将需求信息反馈给生产部门，促进生产部门按需生产，创新产品种类；另一方面，又向消费者推荐新的产品，促进新消费需求的形成。流通对需求信息和供给信息的双向循环传递，可以促进商品供求达到平衡状态。

---

① 丁俊发：《中国流通业的变革与发展》，《中国流通经济》2011 年第 6 期。
② 宋则：《商贸流通服务业的外延界定和影响力研究内容梳理》，《经济研究参考》2009 年第 31 期。
③ 洪涛：《流通产业经济学》，经济管理出版社 2011 年版，第 199 页。

（3）流通决定消费内容、消费方式和消费成本。消费者只有借助于商品流通，才能把消费基金转化为所需要的生活资料。商品流通的内容决定消费者能够购买的商品种类，商品流通的质量决定消费者接受服务的内容和购买商品的方便性，商品流通的效率影响消费者购买商品的时间成本及资金成本。

（四）流通业对消费的具体作用途径

流通业是连接生产部门和最终消费者的媒介，产品通过流通业提供给最终消费者。流通业的发展状况如何，直接影响消费需求的满足程度。流通业规模、流通业结构、流通业环境、流通业效率等反映流通业的发展状况，也是流通业影响消费的具体作用途径。

（1）流通业能够通过启动消费市场来促进消费。一方面，通过扩大流通业规模、完善流通业结构来繁荣商品市场，能够满足消费者的消费需求，并促进消费水平的提高。流通业规模的不断扩大、结构的不断完善可以增强消费者与流通业的接触密度，增加消费的可能性。另一方面，流通业态和经营模式的多样化和特色化，有利于开拓新的消费市场，增加新的消费热点，引导个性化、时尚化和品牌化消费。例如大型购物中心、便利店、连锁店以及电子商务带动下的无店铺销售会刺激消费者购物，提升消费水平。

（2）流通业产业结构影响商品供求平衡。流通业是将产品提供给最终消费者的通道，流通业产业结构的合理性，在一定程度上决定了产品供求是否平衡，供不应求影响消费实现，而供过于求会浪费流通资源，降低流通效率，影响消费。因此，促进流通业的产业结构趋向合理化，可以适应消费者需求，提高消费水平。

（3）流通业环境影响消费市场，进而影响消费水平。通过优化流通业环境来完善消费市场，给消费者创造良好的购物环境，可以消除消费安全隐患，保护消费者的权益，提升消费信心，提高消费水平。流通环节中的零售业是最容易暴露消费安全隐患的环节，也是需要优化环境的重要环节；消费者对流通服务业（如住宿和餐饮业）的消费抉择在很大程度上取决于其环境的好坏。

（4）流通业效率影响商品和服务的价格，从而影响消费成本。流通业效率可以从流通业资本运行效率、物流效率、流通业从业人员效率、网点效率等方面考虑。流通效率低，会促使商品和服务的价格上涨，阻碍消费。例如，农产品消费中出现的"蒜你狠""豆你玩"等现象，是由于流通效率低，消费成本上升导致的。在居民收入不变的情况下，商品和服务的价格提高，抑制需求弹性比较大的商品和服务的消费；对于需求弹性比较小的日常生活必需品和服务，消费数量变化可能不大，然而，在此类商品上的花费过多，总收入减少，间接降低了对需求弹性较大的商品的需求。因此，应有效提升流通效率，降低商品和服务的价格，降低消费成本，促进消费水平的提高。

（5）流通业可以通过促进就业间接促进消费。近年来，随着流通体制改革，我国商品市场规模逐渐扩大，商业网点增多，商品供给能力增强，流通业提供了大量的就业岗位，增加了居民收入。消费群体在流通业的就业效应下不断扩大，有效提升了消费市场在资源配置中的基础性作用，提高了经济的市场化和社会化程度，进而推动了流通业的发展。

三 流通业促进消费的必要性

（一）我国消费发展稳中有升

1. 消费对国民经济增长发挥基础性作用

消费是拉动国民经济发展的"三驾马车"之一，是拉动国民经济增长的重要动力。消费对 GDP 增长的贡献率自 2003 年以来持续增加，对 GDP 增长的拉动率相对于资本投资和净出口来讲，也在逐年增长。2017 年消费对 GDP 增长的贡献率是 58.8%，在 GDP 6.9% 的增长率中拉动 4.24 个百分点；资本投资对 GDP 增长的贡献率是 32.1%，拉动 2.21 个百分点；净出口对 GDP 增长的贡献率是 9.1%，拉动 0.45 个百分点[①]。由此可见，在拉动国民经济增长的"三驾马车"中，消费的重要性日益凸显。然而，与发达国家 70% 的消费贡献率相比，我国目前 58.8% 的贡献率还有很大的提升空间。

---

① 参见《2017 年国民经济和社会发展统计公报》。

2. 消费潜力有待进一步释放

一是农村居民消费不足。首先，农村居民的消费支出不到城乡居民总消费支出的一半，并且从 1998 年以来，农村居民消费支出与城镇居民消费支出之间的差距越来越大，2015 年和 2016 年两年里农村居民消费水平仅为城镇居民消费水平的 36%，二者差距巨大。其次，城乡居民在消费层次上也有较大差异。城镇居民在文教娱乐、卫生保健、医疗等方面的消费支出比重高于农村居民的支出比重。二是居民与政府消费失衡，居民消费的比重偏低。1998—2016 年，政府消费的份额从 24.56% 增长到 26.62%，从而居民消费的份额从 75.44% 下降到 73.38%。美国政府消费份额要低很多，1998 年为 17.6%，2009 年是 19.4%[①]。可见，我国居民消费对经济增长的贡献正在削弱。三是存在突出的消费外溢现象，导致大量购买力流向国外。近年来，随着人民币的快速升值，同一品牌的产品在境外购买的价格优势更为凸显，刺激国内大批的中产阶层消费者增加海外购物和旅游。2009 年，我国人均消费支出为 1318 美元，是美国同年人均消费支出的 1/24，但是，当年中国境外人均消费支出已经超过了美国和日本。2012 年我国出境旅游达到 8300 多万人次，境外消费总额达 1020 亿美元，其中，65% 的消费用于购物[②]。2012 年我国出境旅游人次已经超过了美国和德国，成为世界第一大出境旅游消费国[③]。在当前国内消费不足和部分行业产能过剩的背景下，巨大的消费外溢现象是一个值得深思的问题。

由此可见，我国有相当一部分居民的潜在购买力难以得到充分释放[④]，导致这种现象发生的原因有很多。例如，居民收入差距依然较大，使得农村居民和城镇低收入群体的消费支出较低；社会保障体系

---

① 陈少强：《构建国内扩大消费需求长效机制的思考》，《中央财经大学学报》2011年第 4 期。

② 刘玲：《建立扩大消费需求的长效机制研究》，硕士学位论文，财政部财政科学研究所，2013 年。

③ 张甜甜：《中国成为第一大出境旅游市场，境外消费总额达 1020 亿美元》，中国广播网，2013 年 4 月 28 日。

④ 梁达：《消费升级将为经济发展注入新动力》，《上海证券报》2012 年 11 月 28 日，第 A08 版。

不健全，居民需要通过减少消费来增加自身应对风险的资本；农村流通体制不完善，农村零售渠道不畅导致广大农民的消费需求得不到满足；流通主体不够诚信，提供假冒伪劣的商品，消费者信心不足，进而选择不消费或者跨境消费；一些地区实行地方保护主义，限制其他地区产品的进入，减少了该地区对限制性产品的供给；等等。后三种现象与流通业发展状况不佳有直接联系，因此，有必要通过完善流通体制建设的方式来扩大居民消费。中央全国经济工作会议明确提出要把搞活流通作为扩大内需的重要切入点，同时，我国正处于第三次居民消费升级迅速发展的重要关口，因而"十三五"期间应努力抓住这一良好机遇，加快商品市场体系建设，优化产供销体系流程①，促进流通业发展。

（二）我国流通业影响力较大

1. 我国流通业的地位提升

改革开放40年来，中国流通业的发展取得了历史性进展，在理论上对流通地位的认识也经历了根本性的变化。中华人民共和国成立初期，在计划经济体制的指导下，一直存在着"无流通论"的观点，否认流通在社会再生产中的地位，把流通与分配混淆，用分配来代替流通，因此忽视了流通的发展，严重影响了生产发展和生活质量的提高。20世纪60年代初，孙冶方开始对"无流通论"提出批判。他指出：生产的服务对象是消费者，而不是仓库，生产单位要有流通观念；社会主义流通既包括商品流通，又包括产品流通；要同时尊重商品价值规律和产品规律。到80年代中后期，人们已经普遍承认社会主义社会存在着流通，并对生产和流通的关系进行了研究。主要有以下几个代表性的观点："生产流通并重论""生产流通相互转化论""生产流通相互决定论""流通中心论""流通决定生产论""生产决定商品流通，资金流通决定生产"等②。90年代中后期，流通的地位

---

① 宋则：《发挥现代流通服务业在产业链中的带动与反哺作用》（上），《商业经济》2006年第17期。

② 宗颖、刘敏楼：《流通业作为先导产业的贡献、问题与对策分析》，《南京财经大学学报》2005年第5期。

有了很大程度的提高,"流通决定生产论"得到肯定和完善。由此可见,在理论上对流通的认识实现了一个重大的突破,这也极大地推动了流通业的发展。伴随着市场经济的发展,目前我国居民消费开始从小康型向享受型模式转变升级,由简单的数量增长演变为数量增长与质量提升并行①。我国流通业也由传统的计划经济体制下的卖方市场,变为社会主义市场经济体制下的买方市场,流通业由被动的"中介"变为积极的"中介"。流通业的地位已经由末端产业转变为先导性和基础性产业,主要表现为以下几个特点:为全社会提供公用产品和服务,制约并影响着国民经济的其他部门,对国民经济有较高的贡献率,提供大量的就业岗位,具有不可替代性②。

2. 流通业带动国民经济的增长

自 2000 年以来,我国 GDP 的增长率一直低于社会消费品零售总额的增长率,具体表现为:2000—2007 年,GDP 增长率由 8.5% 持续增长到 14.2%。受世界金融危机的影响,2008 年 GDP 增长率回落为 9.7%,到 2011 年一直维持在 9% 以上。从 2012 年开始 GDP 增速开始缓慢下跌,由 2012 年的 7.9% 降到 2016 年的 6.7%,2017 年小幅回升至 6.9%。社会消费品零售总额由 2000 年的 39105.7 亿元持续增长为 2017 年的 366262 亿元,年均增长率为 14.1%。《中国统计年鉴》(2017) 的数据显示:2016 年流通业的相关行业中,批发和零售业增加值占 GDP 的比重为 9.6%,交通运输、仓储和邮政业增加值占 GDP 的比重为 4.4%,住宿和餐饮业增加值占 GDP 的比重为 1.8%。综上所述,自 2000 年以来,流通业总体的发展方向与国民经济一致,并且流通业总体规模的增长率一直高于 GDP 的增长率,可见流通业是带动国民经济增长的重要力量。

3. 流通业提供大量的就业岗位

流通业是吸纳社会就业的重要产业,从规模角度来看,我国批发和零售业、住宿和餐饮业等流通业提供了大量的工作岗位,并且流通

---

① 梁达:《消费升级将为经济发展注入新动力》,《上海证券报》2012 年 11 月 28 日,第 A08 版。

② 黄国雄:《流通新论》,《商业时代》2003 年第 1 期。

业的就业人员数逐年快速增加。2016 年我国批发和零售业法人企业单位数为 193371 个，较 2015 年增长了 5.6%，较 2000 年增长了 656%。批发和零售业年末从业人数由 2000 年的 4485335 人持续增加至 2016 年的 11936000 人，增长率为 266%。2016 年住宿和餐饮业法人企业数和年末从业人数分别为 45855 个、4074415 人，较 2015 年分别增长 2.2%、-1.4%，较 2004 年（2000—2003 年无数据）的 19299 人和 2621418 人分别增长 137.6%、55.4%。2016 年交通运输、仓储及邮电通信业，批发和零售业，住宿和餐饮业，租赁和商务服务业，居民服务和其他服务业的城镇单位就业总人数占城镇单位总就业人员数的比重分别为 4.7%、4.9%、1.5%、2.7%、0.4%。就人员结构而言，流通业从业人员的教育水平较低，就业门槛不高，吸纳了我国大量的弱势群体，为这些群体提供了大量的就业岗位。增加居民就业会提高居民的消费预期，促进消费增长。

流通业影响力是指流通服务业支撑或改变国民经济、社会生产、居民生活原有状态的能力[①]。流通业的综合实力日益扩大，其影响力除了带动国民经济的增长、增加就业等，还包括较高的产业关联度、日渐突出的税收贡献，以上因素都会间接地增加政府和居民消费。国计民生已经对流通业形成高度的依赖性，其基础性支撑作用和先导性引领作用日益增加。这进一步提示我们，要更加重视流通业对国民经济的作用，在深化改革的过程中解决好流通业存在的各种问题，更好地发挥流通业的多重影响力。

四　我国流通业在促进消费中存在的问题

（一）流通成本高，流通效率低

（1）流通环节过多。我国大部分流通企业是中小型（甚至是小微型）企业，市场集中度较低。以零售业为例，2011 年我国零售百

[①]　宋则：《商贸流通服务业的外延界定和影响力研究内容梳理》，《经济参考研究》2009 年第 31 期。

强企业的总销售额仅为沃尔玛一家公司的73%[1]。2012年我国零售百强企业中,过千亿元的大型零售企业只有5家,分别是苏宁电器、电商天猫、大连大商、百联集团和国美电器。2012年全国零售业经营单位有2354个,其中大型法人企业2.22万个,小微型及个体户单位2352.2万个,占零售业经营单位总个数的99%[2]。由于企业实力有限,大部分零售企业无法从厂家直接采购,必须经过中间批发环节,增加了流通成本。

(2)商铺租金和用工费用持续快速上升。商铺租金和用工费用是流通成本中增长最快的两大因素。有数据显示,2012年我国平均商铺房租上涨了21%,2013年涨势不减。2012年以大型零售企业为主的连锁零售百强企业人工费用上涨20.5%[3],如果再加上企业为职工缴纳的"五险一金",上升幅度更大。目前,我国城镇职工的五项社保费用总计约占工资总额的40%,由用工单位承担的费用占本单位职工工资总额的30%,而商贸服务企业的这一比例更高,导致企业用工成本体制性偏高。商铺租金和用工成本的上升既是由市场供求所致,也与宏观经济环境及政府的相关政策有密切的关系。政府对房租和用工成本的无度上涨不加控制,商家会将这类费用转嫁给消费者,抬高物价,抑制消费。

(3)社会物流费用居高不下。自2005年以来,我国社会物流总费用占GDP的比率平均为18%左右。2013年这一比率仍为18%,高于美国、日本和德国9.5个百分点左右,高于全球平均水平6.5个百分点左右。2013年我国社会物流总费用为10.2万亿元,其中,运输费用是5.4万亿元,占社会物流总费用的52.9%。

(4)流通效率低。一方面,我国流通业的资本周转速度慢。有数据显示,近年来我国商业流通资本的年平均周转次数为3次,而同期日本却高达15—18次。另一方面,物流业运行效率低。商品物流是

---

① 依绍华:《流通业对扩大内需的促进机制及对策研究》,《价格理论与实践》2013年第5期。

② 商务部流通业发展司:《2012年度零售业发展报告》,2013年7月4日,http://ltfzs.mofcom.gov.cn/article/date/201307/20130700186593.shtml。

③ 同上。

指通过仓储、运输等活动实现商品实体的空间流动和转移，反映商品市场交易活动的实际状况和经济运行的效率。我国许多省份的货运汽车回程空车现象十分严重，上海市空车回程率为 37%，是欧美平均水平的 3 倍；另外，我国第三方物流比重较低，占物流市场的比重不足 25%，物流服务信息平台不发达，导致"有车无货，有货无车"的现象十分普遍。

（二）流通业环境不佳，市场秩序混乱

一方面，大型零售企业的盈利模式受到质疑。1995 年，家乐福等跨国零售巨头获准在中国开店之后，推出了向供应商收取各种"通道费"、实行"押账"式账期付款等做法，中国零售企业尤其是连锁企业纷纷效仿。此后，中外资零售商融合了百货店的联营模式，最终形成了"通道费 + 保底扣点"的盈利模式[①]。为了应对"通道费"和"扣点"的不断增多，供应商往往把这些费用追加到商品供应价格中去，最终转嫁到消费者身上。另一方面，商业信用较低，商业欺诈时常发生，消费的信誉环境难以保障，阻碍居民消费的良性增长。例如，一些商业企业篡改价格打折促销等行为，极大地降低了居民的消费信心；网络销售过程中，购销双方不见面，存在严重的信息不对称问题，扰乱了商业秩序。

（三）地方保护主义顽固存在，流通市场壁垒仍然较高

地方保护主义是指地方政府对地方经济进行干预和调节的行为。这一行为的直接目的有两个：一是阻止本地廉价原材料的输出，以便在当地加工升值；二是阻止外地优势产品的输入，保护本地工商业的发展[②]。虽然我国商品市场化改革不断推进，然而地方保护主义依然严重，地区封锁、行政垄断现象十分普遍。许多地方政府设置了各种关卡壁垒，区域之间的市场受到人为分割，不利于全国统一市场的形

---

① 中国商业联合会：《2012 年中国商业十大热点评述报告》，2011 年 12 月 28 日，http://www.cgcc.org.cn/news.php?id=32768。

② 范彩军、杨晓辉：《消除地方保护主义启动国内消费需求》，《中国经济》2002 年第 3 期。

成。具体表现为种种行政隶属关系和行政划定的边界把分销渠道封闭禁锢、阻断压抑，分销渠道零零碎碎、难成体系，产供销体系的辐射半径被大大压缩。这使得商品很难无障碍地高效流动，从而导致市场化、横向性、有竞争力的商业企业稀缺：一方面，弱化了市场应有的资源配置效能，减少了消费品选择的多样性，阻碍了消费需求的实现。另一方面，导致假冒伪劣商品的泛滥。同时，还增加了交易成本即体制性成本，例如，市场壁垒所引起的成本，商品和要素无法自由流动发生的成本，竞争不公平不充分、交换不平等所发生的成本，消费者自主选择受到阻隔所发生的成本等。这些高额的体制性成本推高了商品价格，抑制居民消费。

（四）各地区之间流通业发展差距大，城乡及内外市场分割

一方面，由于各地区间经济发展水平和居民收入水平存在着较大差异，我国流通业呈现出各地区之间发展不平衡的特征。东部沿海地区及各区域中心城市的流通业发展水平较高，流通业规模最大，竞争也更加激烈。中西部地区则相对落后。具体表现为东中西部地区流通业法人企业数、年末从业人员数、商品销售额、固定资产投资额呈递减的趋势。另一方面，我国目前仍然是发展中国家，发展的主要特征之一是农业不发达、农村经济落后以及农民收入和生活水平较低，极度分散的小农户与大市场之间的矛盾比较尖锐。城乡市场发育差别过大，农村市场对工业品的需求容量相对狭小，农村的初级产品无法得到城市和工业充分及时的吸收，城乡交换关系紊乱，农产品和工业品滞销积压，以市场协调为基础的工农、城乡互为供求的一体化关系还不够牢靠[①]。另外，我国长期以来"重外贸，轻内贸"思想的存在，使国内流通企业受到挤压，形成内外市场严重分割的局面。具体表现为：一是国内企业对外流通发展困难，制成品在国外的销售严重依赖当地控制流通渠道的外国企业；二是外向型企业由于缺乏国内流通渠

---

① 宋则：《发挥现代流通服务业在产业链中的带动与反哺作用》（下），《商业经济》2006 年第 17 期。

道，无法进入国内市场，使得其抗风险能力弱化①。

五　对策与建议

长期以来，我国主要依靠投资和出口拉动国民经济的增长。然而，近年来，投资和出口对国民经济的贡献率逐年降低，扩大内需成为拉动经济的重要手段。目前国家正在推进经济结构转型，把促进消费作为发展重点。由于流通与消费紧密相连，流通业对促进居民消费有重要的作用。如何更好地发挥流通业对消费的促进作用成为迫切需要解决的问题。

（一）降低流通成本，提高流通效率

（1）政府在缓解商铺租金和人工成本上涨方面需加大工作力度。首先，政府物价主管部门及商务部门应对商铺租金进行适度干预。具体措施如下：可以参照当地房价和物价水平限制商铺租金的上涨幅度，对商铺业主进行"解约限制"；充分发挥当地行业协会的作用，大型超市、商场等店铺租约到期后，双方协商续租并确定租金水平时，可由协会予以协调指导；有关部门还应制定发放商业用房、出租摊位的示范文本，其中可明确规定小微商户的租赁期限不得短于3年；等等。其次，减轻商铺租赁的相关税负。我国对商铺租金征收的税费涉及营业税、房产税、城建税、教育费附加和城镇土地使用税。在商铺供求不平衡的情况下，这些税费实际上由租赁方承担。政府可考虑对相关税收予以豁免或从轻征收。最后，适度降低用人单位为职工缴纳的社保资金。党的十八届三中全会通过的《中共中央关于全面深化改革若干重大问题的决定》（以下简称《决定》）已经提出"建立更加公平可持续的社会保障制度，适时适当降低社会保险费率"②，应抓紧制定具体的实施方案。

---

① 依绍华：《流通业对扩大内需的促进机制及对策研究》，《价格理论与实践》2013年第5期。

② 《中共中央关于全面深化改革若干重大问题的决定》，新华网，2013年11月16日，http：//www. sn. xinhuanet. com/2013 - 11/16/c_ 118166672. htm。

（2）降低物流成本，减轻企业负担。首先，完善物流业"营改增"试点。2011 年 11 月我国决定在物流业推行"营改增"试点，试点方案规定物流运输业适用 11% 的增值税率。然而，物流企业所能抵扣的项目较少，并且物流业的毛利率已经从 2003 年的 30% 以上降到不足 10%，即使税率不变税负也会相对加重。因此，在试点期间应采取过渡性扶持措施，对税负加重的企业给予一定的扶持；并调整税率，使物流业大幅度地降低税负。其次，进一步落实已经出台的各项税收政策，如大宗商品仓储设施用地的土地使用税政策，切实减轻企业的税费负担。再次，尽快实行工商业用水、用电、用气同价，取缔各种不合理及违规收费。最后，降低"最后一公里"的物流成本。有数据显示，在北京市内把蔬菜从批发市场运到零售市场的"最后一公里"的流通成本比从山东寿光运到北京的费用高出至少 150%。因此，应对货运证发放、送货时间及路线、车型限制、货车停靠等限制性规定进行调整，对各种不规范的收费和罚款进行惩治①。

（3）强化流通业的公益性，增加消费者的福利。流通业不仅具有市场性而且具有公益性，以往只看到了其充分竞争的一面，忽视了其间接影响力公益性贡献的一面。为降低流通成本，保证流通业公益性职能的持续有效发挥，应将其纳入公共财政支持的长期预算范畴之内，尤其是要大力发展流通领域里事关民生、推动消费的公益事业项目建设，如增加对农产品批发市场、农贸市场和社区菜市场的建设，加大升级改造的补贴；进一步推进农产品可追溯体系的建设，保障食品安全；扩大废旧消费品以旧换新范围，加大财政补贴，提高折价标准；加大对农村和城市基层社区商业服务设施的建设，满足基本的消费需求。

（4）提升流通业的现代化水平，提高流通效率。发展现代流通业，应参考国外发展突出的流通企业的实践经验，加强电子信息化水平建设，充分利用网络信息和电子技术提高流通业的现代化水平，提高流通效率，促进消费。继续推进流通产业现代化水平，建立现代化的物流配送体系，大力发展第三方物流，完善城市共同配送节点的规

---

① 中国商业联合会：《2012 年中国商业十大热点评述报告》，2011 年 12 月 28 日，ht-tp：//www. cgcc. org. cn/news. php？id＝32768。

划布局，提高物流业的专业化、社会化和现代化水平。

（二）规范流通市场秩序，优化居民消费环境

（1）清理不合理的收费政策，切实减轻企业负担。严格控制新收费政策的出台，全面清查已有的收费政策，废除不合理的收费政策。政府应加快出台制约大型零售商、农产品批发市场、交通主管部门等的法律法规，限制其滥用市场优势地位，切实减轻农户、供应商及物流企业等的费用负担。

（2）优化消费的信誉环境，提升消费者信心。政府相关部门应加快建设社会信用体系，推进信息共享机制，设立一个公共诚信平台，让消费者、合作伙伴及经济往来对象间能够查到彼此的信用信息；各地市要组建执法队伍，完善 12312 举报投诉咨询服务网络①。另外，消费者应学会利用法律工具维护自己的权利，熟知《消费者权益保护法》《网络交易管理办法》等涉及切身利益的法律法规，根据法律常识对商业企业进行监督。各方共同努力消除居民消费的安全隐患，刺激消费者放心购买，扩大消费需求的即期投放。

（3）消除地方保护主义，释放消费需求。党的十八届三中全会《决定》中明确提出"建设统一开放、竞争有序的市场体系，是使市场在资源配置中起决定性作用的基础"②。建立统一有序的市场需要清除市场壁垒，消灭地方保护主义。具体措施包括以下几个方面：一是转变政府职能，规范政府行为。各级政府将应该由企业自行管理或可由中介机构管理的事务从政府职能中分离出来。改变过去以经济发展单一指标考核地方政府"政绩"的做法，着力营造公平竞争、统一开放的市场环境作为干部考核的内容。二是深化国有企业改革，实现政企分离。将政府与企业之间的行政隶属关系转变为产权关系，地方政府退出对国企的直接干预，把经济资源的配置权交给市场。三是深化财税体制改革，厘清中央与地方的经济关系。合理划分地方政府

---

① 蒋永霞、陈芳：《释放居民消费潜力 统一流通市场秩序》，《中国商报》2014 年 3 月 14 日。

② 《中共中央关于全面深化改革若干重大问题的决定》，新华网，2013 年 11 月 16 日，http：//www. sn. xinhuanet. com/2013 – 11/16/c_ 118166672. htm。

财权，建立规范化的中央政府对地方的财政转移支付制度。四是规范地方政府的市场管理行为，加强对地方政府市场管理的监督。地方政府需撤销实施地方保护的机构，认真贯彻执行《国务院关于禁止在市场活动中实行地区封锁的规定》；各级市场监督行政执法部门需加强对地方保护的整治，依法严厉查处人为设置的市场壁垒①。

（三）积极创新流通方式，带动消费持续增长

（1）加快电子商务的发展，创新消费方式。零售商可选择适合自己的多种营销渠道组合，为顾客提供交易平台，主要包括以下几种形式：首先，积极发展 O2O 销售模式，将线上与线下资源结合起来，不仅有利于流通渠道的畅通，还可改变企业的生产模式。如服装业 O2O 模式，大数据支撑服装企业精确地掌握消费者需求，企业可以在预售阶段在网上展示样衣，根据消费者的订购情况制订生产计划，有效地减少库存和浪费；另外，企业根据顾客的个人数据信息生产出来的衣服不再只有标准化的"S""M""L"等号码，每件衣服都有符合顾客身材的细微差别②。其次，加快普及移动互联网零售。智能手机、平板电脑、3G 和 4G 网络的普及推动越来越多的消费者选择移动购物。电商需合理利用二维码实现"扫一扫"式便利消费，积极开发 3D 图像实现线上体验式消费，还可选择建立公司移动 App，不断更新商品折扣、新品到店等信息。为保证移动互联网零售持续健康发展，电商需简化移动支付流程，实现移动互联网购物的真正便利化。最后，零售商还可与社交网站合作，开展销售推广，利用即时通信和社交网站与消费者建立联系。利用微信、微博等社交网站开展商品信息推送、用户参与商品设计、抽奖等品牌营销活动。

（2）积极引导社区商店和便利店开拓业态新路径。随着人口老龄化程度的逐步加深，以及人们对便利性的追求，社会商业和便利化的小型店铺将发挥越来越重要的作用。各门店在商品结构上应增加生鲜

---

① 吴文洁：《地方保护主义的危害、成因及对策》，《西安石油学院学报》（社会科学版）2003 年第 4 期。

② 中国商业联合会：《服装业步入 O2O 时代》，2014 年 5 月 20 日，http：//www. cgcc. org. cn/news. php？id＝109117。

食品和速食的比例；在经营结构上，社区商店和便利店要大力发展多种服务项目，如代收代缴各种费用、快递业务、金融服务、票务服务等，同时还需扮演消费体验场所、交流中心、生活方案解决中心等多种角色。

（3）满足服务性消费需求，推动消费结构升级。居民消费水平正从小康型向享受型转变，应在继续发展传统消费的同时，发掘新兴的服务性消费领域。加强服务设施建设，提高服务水平和质量，科学规划和建设私人机场、游艇码头、高尔夫球场等服务设施。并加快推动商业与文化、教育、娱乐、体育及休闲旅游的融合，推动多元化流通业态发展，积极鼓励文化产业园、图书馆、餐饮街、健身房等的发展。

（四）引导地区之间协调发展，实现城乡及内外市场一体化

（1）整体把握流通业的投资状况，促进各地区流通业均衡发展。我国流通业的资本投资大部分集中在大中型城市，使得部分地区尤其是边远和农村地区的流通业资本投入不足，发展缓慢，流通不畅，抑制了居民消费。国家应重点支持中西部及农村地区，制定差别性的流通经济政策，使该地区的投资环境显示出一定的优越性，引导更多的生产要素流入该地区；利用税收、信贷等经济杠杆对广大农村地区的流通产业进行刺激，增加它们的自我积累能力。

（2）构建城乡一体化和多种经济成分共同参与的现代流通服务体系。将农村市场作为构建畅销体系和现代流通体系的重要启动点，将大大缓解农产品和工业品的滞销积压，运用经济杠杆促进城乡产品的购销重新活跃起来。

（3）深化内外贸一体化改革，推动商贸企业"走出去"。打通出口转内销的流通渠道，增加原出口产品的国内销售；扩大我国在海外的商业存在，培养建立自主品牌，增加国内商品在国外的自主销售，根本扭转服务贸易逆差①。

---

① 宋则：《收入倍增、消费变革与流通体制改革》，《商业时代》2013 年第 13 期。

专题 2：扩大内需中的流通问题

韩长江[*]

近年来，我国面对美国金融危机、欧洲主权债务危机的严重冲击，积极采取措施扩大内需、搞活流通，取得明显成效。国民经济继续保持稳定发展的良好态势，我国 GDP 不仅于 2011 年超过日本成为世界第二大经济体，而且就零售业而言有望在不久后超过美国成为世界上最大的消费品市场和流通大国。但流通大国不等于流通强国，我国的流通业仍处于现代化初级阶段，不仅与发达国家相去甚远，甚至与某些发展中国家也存在一定差距。面对经济全球化、竞争国际化的新形势，我国流通业发展不仅处于大发展的机遇期，更面临着前所未有的困难和挑战。

本专题就当前我国流通产业结构问题，内资流通业发展问题，农村流通问题和相关体制、政策等主要问题进行综合分析，以便为进一步的对策研究奠定基础、提供事实依据。

一 我国流通产业结构问题分析

包括生产性流通业和服务性流通业在内的流通产业既是国民经济三大产业的重要组成部分，更是服务业的重要内容。一般认为，流通产业有广义和狭义之分，广义的流通产业包括批发业、零售业、餐饮业、物流业和特种流通业五个子产业；狭义的流通产业则包括批发

韩长江，经济学博士，河北供销合作总社调研员，主要研究方向：农产品流通。

业、零售业和餐饮业，也即我们通常所说的商贸流通业。① 本节重点研究的是商贸流通业。

随着经济体制改革的不断深入和社会主义市场经济体制的日益完善，我国流通产业取得了长足发展：市场规模迅速扩大，消费升级步伐加快；流通体制改革不断深化，流通革命日新月异，现代流通方式大力推进；流通业影响力明显提高，已从过去的末端产业逐步上升为国家的基础产业和先导产业。但从总体上讲，我国流通业仍处于现代化初级阶段，流通业发展现状与我国调整经济结构、转变发展方式的总体要求还不完全适应。我国流通业是国民经济的重要组成部分，其发展速度和结构要与国民经济发展的总体要求相适应。由于历史和体制原因，我国流通业现代化起步较晚，发展严重滞后。在我国工业化进入中期阶段后，客观上要求流通业要以更快速度发展，比重要不断上升，同时保持城乡、区域发展的基本平衡。当前，我国流通业发展总体形势是好的，但仍存在一些不容忽视、需要认真研究解决的重要问题。从宏观上讲，我国流通业发展中存在的主要矛盾是结构失衡问题，突出表现在"三低一高"和"两个失衡"，即流通业占国民经济比重偏低，流通业占第三产业的比重偏低，流通业集中度偏低，外贸依赖度偏高；流通业城乡发展结构失衡以及东部地区与中西部发展结构失衡。下面将分别予以研究，此处先就"三低一高"问题进行分析。

（一）商贸流通业占 GDP 比重变化情况

进入 21 世纪以来，我国社会消费品零售额实际增长率一直保持两位数高速增长，高于 GDP 增长速度，表明随着经济发展和人民收入的增加，我国市场规模不断扩大。2012 年社会消费品零售额超过 20 万亿元，继续保持两位数增长速度。但社会消费品零售额主要反映的是流通规模，难以反映流通业发展的现代化水平。因此，应将流通业增加值占 GDP 的比重及其变化趋势作为衡量流通业发展现代化

---

① 谷晓：《反映流通产业竞争力的评价指标体系研究》，《江苏商论》2009 年第 11 期。

水平的最主要指标。

2010 年我国商贸流通业占 GDP 的比重为 10.9%，比改革开放初期提高了近 4 个百分点。流通业发展快慢和比重升降与我国经济体制改革密切相关。① 从 40 年的发展历程看，我国商贸流通业占 GDP 的比重呈现以下三个阶段。

（1）商贸流通业比重大幅度下降阶段。1978 年我国商贸流通业占 GDP 的比重为 7% 左右，到 1983 年下降到 4% 以下。主要原因，一是国家把工作重点转到以经济建设为中心的轨道上来，加之农村普遍实行家庭联产承包责任制，极大地解放了劳动生产力，调动了农民生产积极性，工农业生产迅速恢复发展；二是当时商业流通体制改革尚未启动，抑制了流通业的相应发展，导致商贸流通业比重连续多年下降。

（2）商贸流通业比重急剧上升阶段。自 1984 年起，我国商贸流通业比重开始急剧上升，虽个别年份有所波动，但到 1988 年我国商贸流通业占 GDP 比重上升到 11%，达到历史最高峰值。主要原因是从 1984 年起我国国有、集体商业企业开始实行放开搞活、扩大经营自主权和“利改税”等多项改革，同时对农业生产资料、农产品和轻工业品逐步实行价格放开，不仅促进了经济的发展，也带来了商业的繁荣，商贸流通业比重迅速上升。

（3）商贸流通业比重起伏不定徘徊不前阶段。从 2000 年至 2004 年，我国商贸流通业增加值占 GDP 的比重一直保持在 10% 以上，2004 年以后降到 10% 以下，2010 年商贸流通业增加值占 GDP 的比重为 10.9%，处于停滞不前的局面。一般而言，在人均国民收入高于 1000 美元后，流通业增加比重应该呈加速上升趋势，我国流通业增加值占 GDP 比重保持基本不变的情况说明我国流通业整体发展的滞后性。

我国流通业占 GDP 的比重与发达国家相比差距也很明显。以商贸流通业为例，其增加值在西方国家 GDP 中的比重一般都在 12%—

---

① 杨波、王章留：《流通产业增加值占 GDP 比重变化规律研究》，《商业经济与管理》2011 年第 1 期。

14%，而我国一般保持在 7%—9%。① 这说明我国流通业发展明显滞后于整个国民经济发展要求，仍有很大潜力可挖。

（二） 商贸流通业占第三产业比重变化

我国服务业占 GDP 比重不论与发达国家还是发展中国家相比都有很大差距。2008 年我国服务业增加值占 GDP 的比重为 40.1%，而世界平均水平为 68%，发达国家为 72%，发展中国家为 52%。②

1978—2009 年的 30 余年里服务业的四个子产业占第三产业的比重发生了很大变化，表现为 "两升两降"：一是金融业比重由 7.8% 上升到 12%，上升了 4.2 个百分点；二是房地产业比重由 9.2% 上升到 12.6%，上升了 3.4 个百分点；三是商贸流通业比重由 32.9% 下降到 24.4%，下降了 8.5 个百分点；四是物流业比重由 20.9% 下降到 11.6%，下降了 9.3 个百分点。③ 从广义上讲，我国整个流通业的比重由 53.8% 下降到 36%，下降了 17.8 个百分点。说明我国流通业不仅远远落后于其他服务产业的发展，而且拖了整个第三产业发展的后腿，问题相当严重，需要进一步深入研究。

（三） 商贸流通业集中度变化

产业集中度一般用某产业内排行前若干名的较大企业的市场占有份额来表示，它反映的是一定区域行业内的市场垄断、资源集中以及竞争状况。贝恩的研究表明，市场的集中度与经济绩效有密切的相关关系，合理的集中度有利于提高整个行业的运营效率；过高的集中度不利于实现充分竞争和行业的发展；过低的集中度说明企业主体发育不成熟，影响规模效益和资源的优化配置。④ 我国流通业属于高度分散的市场结构。目前我国有 1000 多万家企业法人，其中只有 11000

---

① 黄国雄：《论流通业是基础产业》，《财贸经济》2005 年第 4 期。
② 丁俊发：《关于中国消费的几个问题（上）》，《中国流通经济》2010 年第 9 期。
③ 李钟林、崔文：《关于我国物流业发展及其动因的实证分析》，《东疆学刊》2012 年第 7 期。
④ 于仁竹、陶虎：《我国流通产业组织问题分析》，《山东商业职业技术学院学报》2009 年第 3 期。

多家限额以上流通企业，中小企业占 99%，300 人以下的小企业占
95.8%，从总体上讲处于"散、小、弱"的状态。

"入世"头十年，我国零售业市场绝对集中度有所提高，但近年
来又持续低迷。2003 年我国百强零售企业市场集中度只有 6%，到
2008 年这一比例提高到 11.1%，① 但到 2010 年我国百强企业零售额
占零售市场的比重又下降到 10.6%（包括外资企业）（见表 1），而
美国这一比例早在 20 世纪 90 年代初就达到了 60%。②

表 1　　　　　　　2006—2010 年我国连锁百强市场占有份额变化

单位：亿元，%

年份	2006	2007	2008	2009	2010
销售额	8552	10022	11999	13600	16600
比重	11.4	11.2	11.1	10.9	10.6

2001 年我国零售十强销售额占百强的比重为 33.8%，到 2008 年
为 48.3%，2010 年为 41.7%。而集中度最高的瑞典 2000 年零售业十
强比重为 63.5%。近年来我国零售业集中度徘徊不前甚至下降的情
况表明我国零售业兼并重组步伐放慢，发展后劲不足。

"入世"后，我国连锁市场集中度也明显提高。在 2000 年，我国
连锁零售四强 CR4 和八强 CR8 的市场占有率只有 0.80% 和 1.42%，
"入世"后的头几年迅速上升，到 2010 年我国连锁零售四强 CR4 和
八强 CR8 的市场比重分别为 2.76% 和 4.36%。2010 年我国连锁十强
中有 6 家为本土企业，4 家为境外企业，超过 1000 亿元的有苏宁、国
美和百联，进入前十强的境外企业包括华润万家、康成投资、家乐
福、沃尔玛。

我国的市场集中度不仅远远落后于西方发达国家，和一些发展中
国家相比也有不小的差距。早在 20 世纪中期，美国零售业 CR4 的市

---

① 李春英：《SCP 视角下我国零售业的市场结构分析》，《商业现代化》2009 年第
18 期。

② 孟晔：《中国零售业 2011 年发展状况》，载荆林波《中国商业发展报告（2011—
2012）》，社会科学文献出版社 2012 年版，第 76 页。

场集中度已经达到 16% 以上。1992 年美国 CR4 超市市场占有率为 23.3%，从 1997 年到 2005 年，美国 CR5 连锁超市市场占有率从 24% 提高到 42%。[①] 美国目前 CR4 集中度是我国当前 CR4 集中度的 14 倍。拉丁美洲 CR5 连锁超市在同行业的市场占有率达到 65%。[②]

我国流通业市场集中度偏低是由我国目前市场发育水平和流通现代化水平决定的，与我国商贸企业的整体素质和竞争力水平密切相关，要提高我国流通业集中度不仅是一个长期的过程，而且要首先从提高企业的整体素质和平均规模水平入手。

（四）外贸依存度变化情况

一个国家的经济结构还可以用外贸依存度即进出口总额占 GDP 的比例来衡量，它既是反映一个国家经济全球化和市场开放度的指标，也是反映一国生产与消费对国际市场或世界经济的依存程度指标。依存度过低说明一国开放程度低，势必影响经济的发展，但如果依存度过高，则可能会影响到国内的经济稳定，加大企业的市场风险，甚至影响国家经济安全。改革开放以来，我国外贸依存度呈不断上升趋势，如 1978 年我国外贸依存度只有 9.8%，随着外向型经济的发展，1991 年我国外贸依存度提高到 33.4%；"入世"后外贸依存度急剧上升，到 2004 年为 70%，达到历史最高水平，2005 年曾下降到 63.9%，但到 2008 年又上升到 68%。但近年来，由于受美国经济危机的影响，我国的外贸依存度有所下降。到 2011 年我国外贸依存度为 50.1%，其中出口依存度为 26.1%，进口依存度为 24%。

我国外贸依存度偏高是不争的事实，有利有弊，既有合理因素，也有不合理因素。我国外贸依存度上升较快的合理因素主要有：国内资源有限、高新技术设备短缺，需要大量进口，弥补国内短缺，拉动经济增长；由于中国劳动力低廉，在进入我国的外商企业中有相当一部分属于"两头在外"的加工出口贸易，我国实际上已成为"世界

---

① Doris Fuchs，"Retail Governance and Agrifood Sustainability：Insights and Research Needs"，2010，http：//www. uni－muenster. de/fuchs/en.

② Ronald W.，"Cotterill：Continuing Concentration in Food Industries Globally：Strategic Challenges to an Unstable Status Que"，October，1999，http；//www. are. uconn. edu/FMKTC. html.

工厂"，我国赚取税收，增加就业，外商获得商业利润，互利双赢，各取所需，无可厚非。不合理的因素主要有：出口结构不合理，货物出口多，技术贸易少，原材料、初加工贸易多，高技术、高附加值出口少；我国外贸依存度高最大的问题在于结构不合理，粮食自给率低于国家要求 100% 的自给率目标，长期下去势必影响我国的粮食安全。虽然我国对外贸易覆盖 200 多个国家和地区，但主要出口份额集中在欧美、日本、东盟等。这种贸易对象过度集中的状况，不仅增加了我国的贸易风险，而且容易引起贸易摩擦和纠纷。如何在稳定主要贸易伙伴贸易关系的同时开辟更广阔的外贸市场是一个需要进一步认真研究解决的重大贸易战略问题。

二 内资流通业发展中存在的突出问题

当前和今后一个时期我国和平发展仍处于重要的战略机遇期，就流通产业而言，可以说是机遇与挑战并存，希望与困难同在。当前，我国流通业实现大发展的有利条件主要是随着扩大内需政策的实施，国家更加重视流通产业，不仅把流通产业提升到基础产业和先导产业的战略高度，《中华人民共和国国民经济和社会发展第十二个五年规划纲要》对服务产业的发展提出了明确的发展目标，国务院还及时出台了《关于深化流通体制改革加快流通产业发展的意见》和降低流通费用的十项政策措施，流通业发展的政策环境将大为改善。我国流通产业发展面临的主要挑战是经济全球化、竞争国际化和外资企业大举进入。外资企业的迅猛发展不仅抢占了我国一线城市的高端市场，占据了大半江山，而且陆续进入二、三线城市，继而窥视农村市场，国内市场竞争将空前加剧；而我国内资流通业的发展现状，不论从宏观结构、组织结构方面，还是从体制、机制、发展方式等诸多方面与日益激烈的市场竞争还不相适应，实现内资流通产业跨越式发展还需要克服诸多艰难险阻，可以说是任重而道远。下面针对我国内资商贸流通产业发展中存在的突出问题和应处理好的六大关系进行分析。

（一）企业群体数量增长与素质提升的关系

限额以上批发零售企业是我国流通业的主力军。在统计口径上，限额以上批零企业既包括外资流通企业，也包括内资流通企业，特别是包括了所有的国有批发零售企业，因此，评价我国商贸流通企业绩效不能一概而论，需要将之分开并进行适当的对比分析才能更准确地反映我国内资商贸企业真实的运营状况。我国内资商贸流通企业与外资企业相比，集约化程度低、运营效率低、经济效益低、成本费用高的问题十分突出。

近10年来，我国限额以上批零企业呈爆发式增长态势，到2010年，我国限额以上批零企业达到111770个，比1999年的27115个增长了3.12倍，其中内资企业109116个，增长了3.04倍，占比97.63%；2010年外资企业发展到2654个，比1999年的132个增长了19.11倍，占比2.37%。[①] 虽然我国内资企业在数量上占据绝对优势，但企业规模普遍偏小，绝大多数在竞争中仍处于劣势地位。

从企业平均从业人员和平均拥有资产量来看，我国内资企业的规模与外资企业存在很大差距。2008年我国限额以上内资批零企业平均从业人员为67.7人，平均资产为0.68亿元，仅相当于外资企业平均从业人员200人的1/3和平均资产2.47亿元的1/4强。港澳台资流通企业平均资产量为1.77亿元，从业人员为215.5人，也远远高于内资企业。我国限额以上批零企业平均销售额由1999年的0.744亿元下降到2006年的0.437亿元，下降了2/5。[②] 中外流通企业的竞争可概括为千万元级别的企业和亿元级别企业之间的较量，这种巨大差距不言自明。如果拿内资大型零售企业与国际大型零售企业相比差距更为明显。2010年我国内资零售百强企业中只有苏宁、国美和百联集团的销售额超过千亿元规模。而沃尔玛2009年销售额高达4000多亿美元，2010年提高到4210亿美元。虽然我国零售百强销售额总

[①] 荆林波：《中国商业发展报告（2011—2012）》，社会科学文献出版社2012年版，第9—19页。

[②] 李俊阳：《中国流通业发展方式转变的若干问题》，载高涤陈等《中国流通理论前沿》，社会科学文献出版社2011年版，第61—62页。

体达到 16641 亿元，但只相当沃尔玛一家销售额的 62%。而家乐福 2010 年的销售额也超过 1000 亿欧元。以上情况表明，我国内资流通企业不仅集中度偏低、平均规模过小，而且即使是大型企业，集约化、集团化、国际化水平也明显偏低，与国际大型企业也存在巨大差距，我们必须清醒地认识到这一点。

从经营效益角度看，2008 年我国内资限额以上批零企业主营业务利润率为 7.21%，相当于港澳台资流通企业经营利润率 13.04% 的 1/2 强，相当于外资流通企业利润率 16.02% 的 45%。2009 年我国限额以上批发企业平均资本回报率为 16.22%，其中国有企业和股份有限公司资本回报率分别为 20.32% 和 21.13%，明显低于港澳台资企业 27.44% 和外资企业 28.17% 的资本回报率；其他类型企业的资本回报率均低于平均资本回报率，如股份合作企业为 13.24%，集体企业为 9.83%，有限责任公司为 9.82%；外资企业资本回报率比我国国有企业高 38.63%，比集体企业高 1.86 倍。[①] 另有资料显示，我国销售额前 10 名的超市和连锁百强内资企业的毛利率分别为 12.8% 和 11.85%，而外资企业平均毛利率高达 20.56%；中国销售 10 强的超市和连锁百强的净利润率分别为 1.77% 和 1.32%，而国外为 2.22%。我国的物流成本一般占 GDP 的比例在 18% 以上，而发达国家物流成本只占 GDP 的 10% 左右。

以上情况表明，我国内资流通企业成本高、效率低、效益差主要是经营管理水平普遍较低所致，这势必影响企业的自我积累、自我发展能力，进而降低企业的竞争力和发展活力。

（二）企业做大与做强的关系

我国流通业虽然发展迅速，但由于我国流通业现代化进程相对滞后，在很大程度上具有"补课""还账"的性质，总的来说，仍处于粗放型增长、外延式扩张状态。我国内资企业与外资企业虽然同台竞争，但实际并不在一个起跑线上，属于不同重量级运动员之间的竞技

---

① 张琦：《批发业 2011 年发展与相关问题研究》，载荆林波《中国商业发展报告（2011—2012）》，社会科学文献出版社 2012 年版，第 41 页。

比赛。鉴于我国流通业大、中、小企业并存，中、小型企业居多的实际情况，我们在调整经济结构、转变经济增长方式中，应按照"抓大活小强中间"的基本思路，从宏观着眼，从微观抓起，从企业做起，在提高企业群体的整体素质上下功夫，进一步调整优化企业组织结构、经营结构、转变发展方式、发展模式，为提高产业整体素质和行业竞争力夯实微观组织基础。

要改变长期以来我国本土流通产业"小、散、弱"的被动局面，就需要把企业"做大做强"这个大文章做好。企业做大做强无非有两种选择，一是自我积累，滚动发展，但需要一个长期的过程；二是走并购重组的"捷径"。"入世"以来，外资企业在我国进行跑马式"圈地"，很快占据了沿海一线城市，并向三、四线城市大举挺进，虽有进有退，但已经占据了我国高端市场的半壁江山。实践证明，并购重组已经成为国内外企业实现快速发展的必然趋势。我国内资企业毫不示弱，也掀起了并购热潮，形成了一些在全国和特定区域的大型商业集团，与外资企业一决雌雄。相比之下，我国内资企业并购的效果并不那么理想，一开始是成功的少，失败的多（李飞，2003），现在虽然情况有所好转，但也是喜忧参半，并没有完全达到预想的效果。

影响我国内资企业并购成败和效果的因素主要有两方面，即体制机制问题和认识存在误区。从体制上讲，全国性的兼并重组大都有国有企业背景，是在政府主导下的并购。政府"干预"下的并购有利有弊，好处是并购动作大、速度快；弊端是容易出现"拉郎配"，欲速则不达，好景不长，成功率比较低。从思想认识上主要存在以下误区：一是迷信规模效益，认为只要有规模就有效益。实际上，做大不等于做强，规模不等于核心竞争力。二是迷信范围经济，误认为只要行业相关，并购自然会产生协同效应。三是迷信并购神话，误认为并购可以改变企业经营机制，将国企并购视同改革本身，盲目兼并扩张，结果只见规模扩大、不见竞争力增强。四是误以为并购是企业之间的简单合并，自然会产生规模效应。因此，一些大的并购项目可行性研究不够，并购风险估计不足，准备工作不充分，运作不够严谨科学，甚至做成"夹生饭"，留下"后遗症"。

我国一些流通企业盲目并购扩张、大而不强、惨遭失败的教训极其深刻。从早期的"三株""巨人""亚细亚",到近来的"江龙控股"和"飞跃缝纫机"欲速不达、昙花一现的例子在中国不胜枚举。① 在1992年7月中国政府批准成立的首批20家零售业企业中,上海数量最多。但是好景不长,上海第五百货公司、第七百货公司、第八百货公司等一批老百货的垮台,都是因为当时盲目轻信了"高负债经营"的流行理论,结果被债务拖垮。② 因此,需要重新认识做大与做强的辩证关系,我们一定要牢记"贪大轻强,好景不长;先强后大,无敌天下"的硬道理。

(三) 业态创新与提升企业竞争力的关系

李飞、刘明藏把零售企业竞争力划分为三个层次:①表现层,包括产品、服务、价格、便利、沟通、环境等;②中间层,包括业态创新、营销管理、快速扩张、成本控制、资本运作;③核心层,包括企业资源、企业机制和企业文化,跟随战略与差异化经营之间的关系。他们选择进入我国的10家大型零售企业和10家内资零售企业,就企业竞争力中间层进行了比较研究。研究结果表明,我国零售企业业态创新能力和意识明显不足,基本上处于模仿创新阶段,这样就很难与国际零售巨头在竞争中抗衡。以业态创新为例,10家外资公司共涉足47种零售业态,平均每家覆盖4.7种;而10家内资零售企业共涉足24种零售业态,平均每家覆盖2.4种,相差一半。而且中外零售企业规模效益指标差距显著,我国10家零售企业平均资产总额、净资产和利润总额仅相当于10家外资企业平均值的1%、2.5%和2.6%;10家内资零售企业收入总额仅为10家外资企业的1/4;平均经营面积为外资企业的5%。以上情况表明,虽然我国近年来零售业飞速发展,规模迅速扩大,但企业在业态创新、经营管理、成本控制等方面与外资企业相差甚远,亟待加强和提高。

---

① 赵梅阳:《做大与做强的辩证关系》,http://www.cnbm.net.cn,2012年12月22日。

② 王贵才:《中国零售业与国外的差距及其改善措施》,http://info.service.hc360.com,2009年7月14日。

（四）零售商盈利模式与零供利益冲突的关系

商业模式与盈利模式是两个既有联系又有区别的概念。商业模式一般是指企业的经营方式，而盈利模式是指企业盈利的主要来源和手段，不同的业态可以采取类似的盈利模式，而相同的业态其盈利模式可能并不相同，但不少人特别是业内人士往往把两者相互混淆。从理论上讲，国内外商业企业一般存在以下几种盈利模式：进销差价型、资本经营型、物业管理型、进场费型[①]或者兼而有之的混合型。其中进销差价型是零售业最基本的盈利模式；进场费型是零售业一种补充性盈利模式；批发市场多采取物业管理型的盈利模式；资本经营型是一种兼具商业扩张模式的盈利模式，资本经营型盈利模式的可持续性取决于其他盈利模式的有效组合。

在我国，随着连锁经营的兴起和一些大型零售集团在市场上获得竞争优势地位，进店费似乎成为大型零售商的主要盈利模式。中国连锁经营协会近期对 3000 家零售商所做的一项调查显示，在我国，零售企业总体收费额度（包括"进场费"和扣点等）占销售额的比重最高可达 26%。[②] 根据麦肯锡提供的信息，厂商为零售商提供的各种补贴占销售额的 15%—20%。[③]

由于进店费名目繁多，数额越来越大，严重增加了供应商的负担，零供之间的利益冲突日益加剧。这种状况不仅引起了供应商的不满和抵制、学界的指责，国家也明令禁止，但收效甚微。虽然也有因此矛盾激化对簿公堂的，但多数供应商还是选择了逆来顺受、被动服从。笔者认为，零售商收取的进店费从经济学角度讲是一种进入壁垒，在零售渠道有限的卖方市场下有一定的合理性，但单纯或过度依赖进场费的盈利模式实际上已经成为我国零售业盈利模式存在的严重痼疾和影响竞争力提高的软肋。

---

① 孟飞：《我国零售企业营运管理模式研究》，http：//www.chinavalue.net，2010 年 3 月 23 日。

② 雷敏、王希：《零售业"进场费"推高物价，"食利型"模式亟待转型》，http：//news.xinhuanet.com/fortune，2011 年 6 月 13 日。

③ 刘彦文、喻晓：《中国零售业发展沿革及现状思考》，《商业前沿》2010 年第 9 期。

有研究表明，我国零售业盈利渠道单一，过分依赖进场费除引起零供矛盾外，给零售业企业可持续发展带来诸多问题：一是一些有实力的大品牌企业拒绝交费，从而排挤掉了优质货源，形成零售商竞争同质化、低档化，降低了企业的商品质量和市场吸引力。二是行商变"坐商"，降低了企业的采购能力和成本控制力，降低了企业的盈利水平。三是"寄生性"和腐败性，零售业采购部成为"认证收费"部，容易产生"认证黑洞"，腐蚀员工队伍。四是随着网上零售业态的蓬勃兴起，零售业单一的进场费盈利模式面临严峻挑战。零售业盈利模式的调整创新是大势所趋，不可避免，关键是看谁能够先知先觉，走在前面。

（五）市场竞争与人才竞争的关系

市场竞争不仅是经营的竞争、管理的竞争、科技的竞争和综合实力的竞争，从根本上讲是一个素质竞争、人才竞争和理念竞争的问题。我国商业企业提供了 8000 多万个就业岗位，但员工队伍整体素质不高的问题相当突出。根据国家统计局提供的信息，我国批发零售业员工队伍中高中及高中以下文化程度的占 89.6%，专科文化程度的占 7%，本科以上的不足 3%；其中单位负责人中专科占 18.4%，本科占 13.2%，研究生占 1.3%，高中及高中以下占 2/3 强。[①]

根据中国商业联合会《2010—2011 年中国零售业人力资源蓝皮书》提供的信息，我国零售业既是当代中国发展最快的行业，也是创造就业机会最多的行业之一，但缺将少帅，人才供求矛盾十分突出，存在以下五大难题：[②] 一是人才数量不能满足行业快速发展的需要，目前零售业管理人员缺口有 10 万人，整体缺口率在 15%—20%，人才缺口最大的是店长、采购人员、物流管理人员、店主管及营销策划人员。二是缺将少帅问题突出。为了留住人才，很多品牌零售企业实行了高管的薪资待遇与经营业绩直接挂钩的办法，店长最多能享受 15—16 个月的薪水，还有其他方面的"软福利"，尽管如此，企业人才招聘仍面临"有价无

---

① 国家统计局：《2010 年中国人口与就业统计年鉴》，中国统计出版社 2010 年版。

② 中国商业联合会等：《2010—2011 年中国零售业人力资源管理蓝皮书》（前言），《中国商贸》2012 年第 6 期。

市"的困境。三是职工队伍不稳定，零售业人员年流动率高达20%——30%，从总体上讲，待遇普遍偏低仍是人才流失的一个重要原因。四是人才储备地区差距大。一线城市人才相对充足，但二、三线城市人才明显不足，仅靠一线城市的支援，远远不能满足二、三线城市人才的需求。五是人才培养供给不足。目前我国商业人才培养面临两难困境，一方面，职业大专院校每年为零售业提供的人才不足10%；另一方面，所培训人才的知识技能结构在很多方面难以满足零售业人才的需要。主要原因是不少大专院校的师资队伍虽有一定的理论知识，但缺乏行业实践经验，培训出来的学生"眼高手低，货不对路"。如何打破流通业人才"瓶颈"已成为加强流通业人才队伍建设和提升内资流通企业竞争力的一项十分紧迫的任务。

（六）流通产业功能提升与流通基础设施建设的关系

毫无疑问，流通产业是联结生产和消费的中介和枢纽，是国民经济发展的传动带和调节器，从宏观上讲，流通产业对促进消费、扩大就业、优化经济结构、促进调整发展方式转变和提高国民经济运行质量具有十分重要的作用。笔者认为，从流通产业的起源和本质来讲，提高交易效率、降低交易费用、便利和引导消费、发现新市场、调节供需矛盾、实现价格形成机制、促进供求动态均衡应是流通产业的基本功能。流通产业的这些核心功能发挥得好坏，不仅与市场秩序有关，而且在很大程度上流通业基础设施建设状况与流通产业核心功能的匹配度密切相关。从流通产业基础商业设施建设与流通产业核心功能建设的角度来讲，目前我国流通业存在以下两大问题。

（1）城市商业设施布局严重失衡。一是大型商业设施过度集中于城市中心商业区，且业态多集中于百货店和大卖场，而社区特别是新建社区便民商业网点严重不足，投资具有盲目性和重复性，造成极大的资源浪费。目前，由于商业用房闲置率高，全国因此造成的资金积压超过千万亿元。二是贪大求洋。近年来，各地购物中心投资建设遍地开花，面积在10万平方米以上的超大型商业设施比比皆是；一些中小城市不顾当地居民购买力的实际，商业设施建设盲目追求大型化。商业网点的过分集中和同质化，加剧了企业间的恶性竞争，导致企业整体效益下降和一些中小企业的破产倒闭，破坏了商业生态平衡，也给交通、环保、安全带来很大压力。中国购物中心产业资讯中心提供的数据显示，2004年全国有购物中心 877 家，2015 年全国购物中心的数量超过 4000 家。2009 年全国新增购物中心投资 789 亿元，2010 年为 1094 亿元，2011 年为 1913 亿元。据中国购物中心产业资讯中心保守估计，仅 2012 年上半年全国新增购物中心投资已经超过 2010 年全年达 1300 亿元，2012 年全年投资超过 3000 亿元。到 2012 年年底，全国购物中心的累计投资额突破 1 万亿元。商业地产项目之间已经呈现分化趋势。目前国内购物中心的坪效（每平方米建筑面积创造的营业金额）差别巨大。国内的购物中心中，深圳华润万象城、杭州大厦坪效最高，年坪效可以接近 3 万元，而三线城市万达广场的坪效不到 1 万元。导致这种状况的主要原因是政府缺乏规划，乱批乱建的现象比较普遍，同时商业地产过热也是一个重要原因。虽然一些地方政府采取了一些相应措施，但由于土地财政政策的约束，收效甚微。为此，不少专家呼吁尽快出台《城市商业网点管理条例》和《大店法》，解决商业设施盲目建设、重复建设的问题。

（2）批发市场建设水准低，功能配套程度不高。以农产品批发市场为例，40 年来我国农产品批发市场有了长足发展，大型农产品批发市场已经发展到 4300 多家。商品集散、价格发现、信息传输是农产品批发市场的三大基本功能，批发市场不仅是一个交易场所，更应成为融交易中心、物流中心、结算中心和信息中心于一体的商贸中心。但由于我国农产品批发市场建设滞后，市场主体发育晚，现代化程度低，功能配套不齐全，批发市场的这些功能尚未得到有效发挥。当前，我国农产品批发市场建设从总体上讲存在的主要问题有：一是城乡之间、东部与中西部之间发展失衡。以农产品批发市场为例，全国 70% 的批发市场集中在东部地区，中西部分别占 20% 和 10%；全国每个城市平均有 3 个农产品批发市场，每个县不到一个，有规模和有实力的批发市场较少，而且设施简陋，环境脏乱差。二是交易方式落后，信息功能薄弱，

98%以上的交易为对手交易。① 三是设施简陋、功能低下。大多数批发市场配套设施不足，档次不高，多停留在场地出租和物业管理模式水平，批发市场在价格形成、仓储加工、冷链物流、信息服务、结算服务、检验检测等方面功能非常薄弱和缺失，② 不仅严重影响了农产品流通的效率和农业的健康发展，也给城市食品供应和食品安全带来了一系列严重的问题。

三 农村流通业发展与农民增收扩需问题

进入 21 世纪以来，国家为了搞活农村流通，拉动农村消费，先后采取了启动以"万村千乡市场工程""双百市场工程""新网工程""农超对接"为内容的农村现代流通网络建设工程和"家电下乡"等政策措施，取得一定成效，对解决农民消费不方便、不经济、不安全的"三不现象"发挥了积极的作用。但由于长期以来受传统城乡二元经济结构的影响，农村流通业"欠账"太多，发展严重滞后的局面在短期内难以彻底改观。笔者认为，我国内需不足症结在农村、病根在农民增收艰难。农村经济问题的根源是农业增效，核心是农民增收，关键是以农民为主体的流通体系建设问题，是一个体制问题、政策问题。下面从城乡双向流通的角度对我国农村流通业发展中存在的问题进行考察。

（一）"万村千乡市场工程"建设中存在的问题

自 2005 年以来，国家采取贴息和直补的方式，有力地推动了"万村千乡市场工程"的实施。到 2010 年年底，全国累计建设 52 万家连锁化农家店、2667 个配送中心，覆盖了全国 80%的乡镇和 65%的行政村，2015 年农家店已覆盖了全国所有具备条件的行政村。随着连锁经营现代流通方式在农村的继续推进，农民消费质量和购物环境将进一步改善。从农村现代流通体系建设和开拓农村市场的角度看，在"万村

---

① 张兴旺：《关于我国农产品市场问题的几点认识与思考》，《农业经济问题》2009 年第 1 期。

② 肖文金、陈海波：《我国农产品流通渠道的现状与效率分析》，《经济研究参考》2011 年第 70 期。

千乡市场工程”实施中不同程度地存在着配送率偏低、信息网络建设滞后、营销模式僵化、规范化程度低等问题。[①]

笔者认为，国家投入巨额资金推进“万村千乡市场工程”的根本目的是提高我国农村商业集约化、连锁化、信息化水平，提高流通效率，这是一项复杂系统的工程，是一项长期艰巨的任务，它不仅涉及龙头企业和加盟店自身建设及其相互关系，而且涉及政府、银行系统的支持配合等方面问题。从“万村千乡市场工程”的实践看，当前我国推进农村现代流通方式仍面临一些深层次矛盾和问题，主要表现在以下“三易三难”。

加盟容易，配送难。由于农家店建设硬件要求不高（东部地区 300 平方米以上，中、西部地区 100 平方米以上），国家对验收合格的农家店和龙头企业给予不同程度的直补和贴息，调动了龙头企业发展连锁经营和店主加盟的积极性，这是农家店迅速推广普及的一个重要原因。但从配送执行情况看，效果并不理想，不少地方龙头企业配送率达不到商务部规定的统一配送率 50% 的要求，多数只有 1/3，不少不足 30%，有的甚至低于 10%；[②] 个别地方只享受补贴，不尽配送义务，龙头企业的配送功能名存实亡。[③] 出现这些问题虽然有龙头企业的主观原因，但根本原因还是农村地域广阔、网点分散，物流成本很高，配送效益差，甚至亏损，影响了龙头企业配送的积极性和配送能力；特别是在地广人稀的地方，由于龙头企业实力差、配送规模小，配送难度更大。如在江苏一个龙头企业配送的覆盖面积一般为 0.256 万平方公里，而在吉林则为 1.446 万平方公里。[④] 西部边远地区的配送难度可想而知。

联网容易，网上交易难。连锁经营是以网络技术为基础，以电子商务为交易手段的现代流通方式，实践证明通过电子商务实现龙头企业与

---

① 尤鑫：《“万村千乡”市场工程现状及发展问题分析研究》，《学理论》2012 年第 28 期。

② 黄山市商务局：《黄山市“万村千乡市场工程”中期评估情况》，http://www.huangshan.gov.cn，2009 年 8 月 12 日。

③ 楚州市商务局：《楚州市“万村千乡市场工程”实践》，http://yongren.mofcom.gov.cn，2012 年 8 月 20 日。

④ 吴小丁、王晓彦：《“万村千乡”龙头企业全面亏损的政策亏损》，《市场营销导刊》2008 年第 2 期。

农家店的有效对接，对提高交易效率、降低交易成本具有重要作用。从实践情况看，虽然绝大多数龙头企业都建立起了自己的门户网站并安装了电子商务系统，但农家店网上订货比例并不高。根据娄底市商务局2011年提供的信息，该区龙头企业的 MIS 普及率为10%，农家店 POS 机普及率为15%。不少店主习惯于传统进货方式，由于网上结算尚未普及，不少龙头企业出于资金回笼的考虑，往往采取以访销送货代替网上交易的方式。多数农家店业主文化水平低，对新技术认识迟，接受慢，认为购买设备、软件投入成本高不合算。

挂牌容易、规范难。商务部对农家店的运营管理制定了一套规范的标准，一些地方将之概括为"五统三化"（统一采购、统一配送、统一标识、统一标准、统一管理和商品标准化、经营规范化、管理科学化）。但在实践中真正能够达标的并不多，究其原因：一是加盟店主人员素质参差不齐，在管理上做到像城市连锁经营一样整齐划一并不容易；二是农家店经营范围差别很大，进货渠道很杂，要实现规范管理在技术上存在很大难题；三是这一状况是由加盟店的性质所决定的，这也是最根本的原因。目前，我国农家店加盟龙头企业多采取"自由连锁"的形式，甚至是"半自由连锁"，加盟店与龙头企业没有形成紧密的利益关系，"连而不锁"成为普遍现象，这势必影响龙头企业和加盟店的可持续发展。

（二）农资市场乱象与农资流通问题

农资（农业生产资料的简称）是生产农食产品必不可少的物质要素，提供货真价实的农资产品不仅关系到农业生产成本的高低，更关系到农业增产增收和消费安全。但长期以来，假冒伪劣农资产品充斥市场，国家近年来采取措施严厉打击，收到一定成效，农资产品质量有所提高，但制假售假、坑农害农事件屡禁不止，时有发生，严重干扰了市场秩序，损害了农民的利益。根据农业部提供的信息，2011年农药、兽药和饲料产品抽检合格率分别为87.5%、91.5%和95.5%，分别比上年提高1.2个、0.8个和1.6个百分点；玉米种子合格率稳定在90%

以上，杂交水稻种子合格率稳定在95%以上；[1] 化肥由于种类繁多，合格率较低，复合肥合格率一般保持在80%—90%，水溶肥合格率不足六成，有机肥合格率只有1/3。[2]

当前农资市场出现的种种问题成因复杂，既有生产厂家、农资流通企业自身的问题，也有体制问题、政策问题和监管问题，笔者将这些概括为"三乱""四难"现象。

把当前农资市场无序竞争的状况概括为"三乱"一点也不过分，其主要表现为：一是经营资质乱。随着农资市场放开经营，农资经营由农村供销合作社一统天下的局面被打破，大批生产厂家、私营企业、个体户纷纷进入农资流通领域，但由于市场监管不严，农资经营主体资质混杂。在一些地方农资经营主体中有农资经营资质的户数占70%左右，无资质经营的比重高达30%。[3] 可以说，无照经营、无证经营、超范围经营、挂靠经营等现象普遍存在，问题相当严重。二是品牌品质乱。在农药产品中正规名牌产品少，杂牌产品多，一药多名，一名多药，一药多用的"万能药"现象不同程度地存在，以致鱼目混珠，"正规军不敌杂牌军"，使农民真假难辨；化肥产品存在标识不清、虚假标识的问题，以次充好、以假乱真甚至制假售假、兜售过期失效产品的现象时有发生；农膜产品普遍存在"三无"现象，质量无保证；种子产品五花八门，真假难辨，给农民造成了减收绝收的巨大损失。三是价格乱。虽然市场放开后，农资零售商有自主定价权，但由于品牌、品质杂乱，不少门店摊点不仅没有明码标价，还随意定价、漫天要价，使农民难以做出正确选择。

近年来，国家为整顿农村市场秩序，维护农民利益，大力开展了"红盾护农行动"，打击假冒伪劣产品，取得一定成效。但由于农资市场出现的上述种种乱象，从根本上讲是市场主体发育不完善、市场机制不成熟、市场监管不到位和体制机制不顺的问题，为此，要从根本上治

---

① 韩长赋：《深入开展农资打假与监管工作》，http：//www. farmer. com. cn，2012 年 3月 5 日。

② 周和平：《国家质检总局公布 14 起农资打假典型案件》，http：//feiliao. aweb. com. cn/2012/0612。

③ 陈辉：《浅谈农资销售市场存在的问题与监管对策》，《种子科技》2012 年第 1 期。

理农资市场"三乱"，需要坚持标本兼治、综合治理的原则，下大力气攻克以下四个难题。

一是解决好经营放开与严格市场准入和退出机制的关系。现在农资市场已经全面放开，国家对农资市场主体经营资格的准入条件并不高，尽管如此，还是有大量个体户不按规定办理资格许可和经营许可，逃避市场监管。因此，需要采取两项措施：一是开展市场清理整治活动，坚决取缔无证经营，凡无证经营的不仅不能采取变相办法"宽大处理"，而且要没收非法所得，严格处罚；二是要严格市场退出机制，对虽有经营资质但存在严重违规经营行为的，要实行强制退出，在规定的年限内不得重新办理经营申请。

二是解决好农民维权与质量追踪体系的关系。农民维权面临种种难题，从技术上讲，主要是农资产品没有像食品一样建立起完善的农资产品质量保证体系和责任追索体系，问题的关键是农资市场的监管体系是"铁路警察各管一段"，监管市场的不管生产，负责投诉的不负责监管。因此，要从根本上解决这个难题需要采取"两头堵"的系统办法加快农资产品质量保证体系和责任追究体系建设。第一，凡是没有标明生产厂家的产品要实行"强行下架"，不能销售；第二，对生产厂家进行全面检查，凡是标示不清的要定期整改，否则责令其停止生产销售。只有这样，才能堵住问题源头，防止其扩大蔓延。

三是解决好执法力量整合与群防群治的关系。一要整合现有执法力量，改变监管主体各行其是的状况。对农资市场的监管涉及工商、农业、质检、农机等部门，出于部门利益，往往各自为政，重分工、轻合作，以致出现"都管都不管"的状况，既浪费了政府资源又降低了执法效果。特别是农业部门既是种子、农药的经营者，又是执法部门，影响了执法的公信力。因此，有必要对现有执法力量进行整合，建立联合执法机制，提高执法效率和成效。二要实行专项治理与群防群治紧密结合。农民既是农资的最终用户，又应成为监督主体。要使农民由逆来顺受的受害者变成市场秩序的维护者，不仅需要提高农民的防范意识和维权意识，而且要把开展群防群治作为整顿农资市场秩序的治本之策和长效机制，鼓励举报，打击违法，降低违法经营的容忍度，从根本上净化农资市场环境。

四是解决好生产标准化和流通产业集中度的关系。农资市场混乱表现在市场，根源在生产和流通环节。因此，一要从源头抓起，大力提高农资产品生产的标准化，严格农资生产厂商的质量检测控制，不能让不合格的产品流入市场；二要从提高流通产业的集中度入手，大力提高现代农资流通方式。要通过大力推行厂商合作、产销一体化和农资连锁经营，把众多分散的经营主体和个体经营户纳入农资龙头企业连锁经营体系，强化农资经营协会职能，实行行业自律，提高农资经营的诚信度，为净化农资市场提供坚实的组织基础。

（三）农产品流通与农民增收问题

农产品流通状况不仅关系流通企业的效率效益，关系到市场供应，也关系到农民增收和农业的可持续发展。但由于受传统计划经济体制的影响，我国农产品流通主体发展滞后，农产品经营体系不健全，农产品流通渠道不畅、效率不高的问题仍相当突出。下面从农产品流通中存在的三个方面问题予以考察。

1. 农产品流通中存在的主要问题

从宏观上讲，我国农产品流通中存在的主要问题是农产品价格机制不健全、产业化程度低，流通业功能差，导致流通不畅、流通成本高、损失大、效率低。一是农产品价格机制不合理。价格机制包括价格生成机制和宏观调节机制，前者主要靠市场供求关系自发形成，既有激励性，又有盲目性和破坏性；后者需要政府依靠宏观政策来调节，以弥补市场调节的盲目性，促进供求平衡。但由于我国农产品价格搜集和发布信息体系不健全，信息发布往往滞后和混乱，造成农业生产始终在"蛛网困境"中挣扎徘徊；而政府的调节政策虽然有效，但往往是跟着感觉走，不是反应迟钝，就是"下药过猛"，扭曲了供求关系。二是流通环节多，成本费用高。改革开放后，我国流通业改革发展旨在创造一个"三多一少"的市场格局，虽该多的确实多了，但该少的不减反增，流通成本居高不下。如粮食成本中流通成本占30%以上，鲜活产品中层层加价，流通成本甚至高达60%以上，[①] 以致出现农民"卖贱"与

---

① 杜军玲：《流通渠道不畅是制约农产品经营的瓶颈》，人民网，2012年3月20日。

城市"买贵"同时并存。三是流通设施差，损失大。长期以来，我国鲜活农产品产后损失十分严重，果品、肉类和水产品流通损失率分别为 20%、12% 和 15%，仅果菜一类每年损失超千亿元。而在欧美等发达国家，果菜流通损失率一般在 5%—6%。主要是冷链物流设施落后。我国果蔬、肉类、水产品冷链物流流通率分别为 5%、15% 和 23%，冷藏运输率分别为 15%、30% 和 40%。[①] 粮食流通损耗率也达到 15%，每年损失上千万吨。四是农产品加工增值能力差。目前发达国家农产品加工后销售的比例一般在 90% 以上，农产品产值与农产品加工产值之比一般为 1:4 到 1:3，而我国农产品加工率只有 20%—30%，加工增值比为 1:1.5，果蔬采摘前后的产值比国外为 1:3.8，我国为 1:2.1，均相差一倍或近一倍。[②] 五是产业化水平低，产销直接对接比例小。近年来，我国效仿沃尔玛等国外零售龙头，大力推进"农超对接"，"农超对接"比例达到 10%—15%，但真正和农民专业合作社直接对接的比例并不高。而在美国这一比例达到 80%，亚太地区达到 70% 以上。这是影响农产品流通效率的一个非常重要的原因。

2. 工商资本下乡与农民利益的冲突

前些年，各地在大力推进农业产业化过程中，把培育贸工农一体化的龙头企业作为实现农业产业化的主要形式，虽对解决农民卖难问题起到了一定作用，但又在很大程度上阻碍了农民专业合作社的发展。有的城市工商资本大举下乡，大片开发农地，实行"反租倒包"，有的在实行"反租倒包"中以农民专业合作社的名义"暗度陈仓"，严重侵害了农民利益，成为引起土地纠纷和出现稳定问题的一个重要根源。为此，我们有必要对现行农产品不同流通渠道对农民利益的影响进行对比分析，找到解决农民增产不增收的根源和解决办法。农民出售农产品的方式一般有以下几种：一是农民产后随机销售给个体商户或其他企业，其好处是当面交易，钱货两清；问题是农民信息不灵，销售没有保证，收入不可靠，也没有价格话语权；龙头企业的介入，从表面上看，解决了

---

① 石凯峰：《果蔬流通损失率达 30%，每年损失超千亿》，http://news.sina.com.cn，2010 年 11 月 22 日。

② 殷延海：《基于"农超对接"模式的农产品流通渠道创新研究》，《改革与战略》2012 年第 2 期。

农民的销路问题，但实际的情况并非如此。由于合同一般规定价格随行就市，但实际合同履约率只有10%左右；"反租倒包"的办法似乎彻底解决了农民生产和销售矛盾，但农民收益水平从此被基本固定下来，继续增收无望。龙头企业经营模式最大的弊端是它对农民的挤出效应，从而与农民发生利益冲突。一是龙头企业彻底把农民拴死在了土地上，抑制了农民专业合作社的发展；二是把农民可以享受的加工销售环节的利润全部装入了龙头企业的"腰包"。因此，解决农民增产不增收的根本途径是让农民组织起来，组建自己的专业合作社，让农民通过自己的合作社把产品推向市场，从而实现农业增产和农民增收的统一。

3. 农民合作社与农产品流通问题

自2007年《中华人民共和国农民专业合作社法》（以下简称《专业合作社法》）实施以来，农民专业合作社迅猛发展。到2012年年底，全国依法注册的专业合作社发展到68.9万家，其中当年新增16.7万家，比上年增长32.07%。[①] 根据农业部提供的信息分析得知，除专门从事农资供应和信息服务的专业合作社外，有2/3的农民专业合作社的经营范围涉及种养加运销储等相关农产品流通服务，可以说，农产品流通领域的农民合作社已成为农产品流通领域的一支新生力量，在解决农产品卖难和助农增收方面发挥了重要作用。但由于我国农民专业合作社起步较晚，发展仍处于初级阶段，与农业现代化的要求比，仍有很大差距。2010年我国农民专业合作社统一组织农产品销售总值4047亿元，[②]仅相当于年农业GDP的7.2%，尚未成为农产品经营的主力军和流通的主渠道。我国农民专业合作社在发展中仍面临诸多困难和问题，其中既有农民专业合作社自身存在的问题，更有政策和体制等深层次矛盾和问题。

从农民专业合作社自身发展来看，存在的主要困难和问题有：一是数量与质量的矛盾，发展速度很快，但质量不高，规模普遍偏小、效益差、影响带动力较差。二是农民专业合作社的经营服务功能单一，科技

---

① 《农民专业合作社已达到68.9万家》，http：//stock. stcn. com，2013年1月10日。
② 农业部：《中国农民专业合作社发展报告（2006—2010）》，中国农业出版社2011年版。

含量低。多数集中在农业生产领域和单一的销售服务，从事农产品产加销服务的仅占18%。直接从事"农产对接"的专业合作社更少。根据农业部提供的信息，2010年全国实现"农超对接"的只有2000多家，占全国农民合作社的比例不足1%。① 虽然我国目前涉农网站超过2万家，但实行电子商务，特别是网上交易的专业合作社却寥寥无几。三是小合作与大市场的矛盾。虽然有少数省份鼓励发展农民专业合作社的联合组织，但由于受立法、政策和旧体制的约束，就全国而言，农民专业合作社发展多限于一乡一村的"单打独斗、各自为战"状态，跨地区的大型专业合作社少，还没有建立起区域性或专业性的农民合作社联合组织，靠单个专业合作社与庞大的资本导向性企业竞争，农民合作社明显处于劣势地位，成为进一步实现大联合、大发展的严重障碍。四是人才、资金瓶颈与发展扩张的矛盾。多数专业合作社属于小微企业，甚至其注册资本仅略高于个体户。由于绝大多数自身刚刚起步几年，实力弱，举债经营困难，普遍陷入发展资金短缺瓶颈；加之农民专业合作社缺乏高质量的人才队伍，经营管理水平低、绩效差，自我发展受到严重限制。五是规范与发展的矛盾。《专业合作社法》对农民专业社的组织原则、治理结构和利益分配做出了明确的规定，但执行结果并不理想。不少专业合作社有名无实，甚至出现了不少"翻牌"合作社、假合作社，骗取了国家财政支持，侵犯了农民利益。根据农业部经济专家缪建平的估计，目前各地"翻牌"合作社占农民合作社总数的比例为20%—40%不等。常见的假合作社大致有7种，即空壳合作社、个体合作社、家族合作社、企业合作社、官办合作社、村委会合作社和皮包合作社等。② 假冒合作社的蔓延，败坏了合作社的名声，已成为影响农民合作社健康发展的头号天敌。

从政策和体制等深层面讲，影响农民专业合作社健康发展的主要障碍有以下几点。一是政社不分。不少农民专业合作社与村行政组织有千丝万缕的联系，说是农民合作社，实际上由村委会领导班子控制，越俎

---

① 胡冉迪：《当前农民专业合作社创新发展问题研究》，《农村经济问题》2012年第11期。

② 马东红：《农民专业合作社异化现象严重》，http://www.sina.com，2010年12月10日。

代庖，包办代替，合作社成为村委会的一个官僚机构，难以承担为农服务的重任。二是主体错位。一些龙头企业，名为领办专业合作社，实际目的在于控制货源，热衷于搞"圈地"运动，引起农民的强烈不满，甚至成为社会不稳定因素。三是金融抑制。虽然银监会于 2006 年年底就明确支持农民资金互助会的发展，但由于受农村信用社传统体制和既得利益格局的影响，有关部门对发展农民资金互助社慎重有余，积极性不足，农民专业合作社借贷无门，经营困难。四川省组织的调查结果显示，有 93.5% 的专业合作社面临资金短缺问题，约有 60% 的专业合作社无法从银行机构获得贷款支持，即使能够取得贷款，贷款规模也很小，贷款条件很高、手续复杂，贷款难度大、成本高。① 农民专业合作社只好借助民间借贷，年利率为 2—3 分，② 相当于正常贷款的 3—5 倍，加重了专业合作社的财务负担。四是政出多门，难以形成合力。虽然国家明确规定农业部门为《专业合作社法》的执法部门，但各地执行情况并不一致。以省级为例，目前承担农民专业合作社发展指导任务的有农业厅、农工委、财政厅、畜牧局、工商局、科协等部门，缺乏一个强有力的综合协调部门。各部门虽然都制定和出台了一些扶持农民专业合作社的支持政策，但由于各行其是，采取撒"胡椒面"的支持方式，不仅存在重复支持的问题，而且只注重出钱"买政绩"，农民专业合作社发展仍处于一种"管生不管养"的状态，难以充分发挥政策支持的"杠杆"作用和示范效应，也不利于形成促进农民专业合作社发展的长效机制。五是农民专业合作社立法存在严重缺陷。其中最重要的一条就是对建立农民专业合作社的联合组织没有明确规定，势必影响专业合作社形成一个强大的组织体系。这与包括供销合作社和信用社在内的传统合作社的存在不无关系，从而新旧体制的摩擦在所难免。因此，可考虑利用传统组织资源和新型合作社结合的方式破解组建农民专业合作社联合组织这一历史性难题。

---

① 《我国农民专业合作社的发展运行特征及融资现状分析》，http：//www. sme. gov. cn，2009 年 11 月 3 日。

② 白向峰：《农民专业合作社发展及融资状况调查》，http：//www. sme. gov. cn，2012 年 11 月 14 日。

四　流通产业政策体制若干热点、难点问题

我国经济体制的根本目标是建立健全"统一、开放、竞争、有序"的市场经济体系，在充分发挥市场机制优化资源配置、提高经济效率作用的同时综合运用宏观经济政策克服市场机制的缺陷和不足，促进国民经济实现快速健康和可持续发展。2012 年国务院先后出台了加快流通产业发展的十大举措和降低流通费用的十项具体措施，流通业发展的政策环境将大为改善。但由于受长期计划经济时期形成的重生产轻流通传统思想、体制政策和既得利益格局的影响，制约我国流通业发展的种种体制性、政策性障碍依然存在，如政策歧视、地区分割、行业垄断、行政体制改革滞后等。中国商业联合会推出的 2013 年中国商业十大热点问题，八个与商贸流通业发展紧密相连、密切相关。目前我国流通业改革已进入改革的深水区、攻坚期，深化改革任务依然十分紧迫和艰巨。

（一）流通企业"国民待遇"政策落实难

流通企业与其他企业都是平等的市场主体，在税费政策上至少应享受平等的"国民待遇"。虽然国家已经出台了相关政策，但由于歧视商业政策由来已久、根深蒂固，落实起来并不容易，突出表现在两个方面。一是工商企业税费同价政策落实难。国务院明文提出对列入国家鼓励类的服务业水电价格实现工商同价，根据发改委公布的《产业结构调整指导目录（2011 年本）》，与商贸零售有关的鼓励类项目主要为"商贸企业的统一配送和分销网络建设"，不涉及一般零售企业。但因多方利益博弈，工商同电政策在各地推进力度差别较大，整体进程缓慢。政策推出以来，只有 20 个省份完成并轨，主要在中国中、东部地区。目前，工商歧视电价仍然存在的省份是：内蒙古、广西（南宁百货）、贵州、西藏、江西、重庆（重庆百货）、福建（永辉超市、新华都）、陕西（西安民生、开元投资）、四川（成商集团、吉峰农机）。北京、广东等省市虽有价格歧视，但已采取相应措施减小商业用电和一般

工业用电的价差。① 二是在税收等方面对外资企业实行"超国民待遇"。虽然国家早在 2008 年对企业所得税实行了"两税合一"改革，但不少地方政府仍然沿用"内外有别"的招商引资政策，对引进外资提供这样那样的扶持倾斜政策，而内资企业遭受政策冷落，使之雪上加霜。② 如果说工商水电同价政策出台晚，落实需要一个过程，对外资企业的"偏向"政策挥之不去则说明真正把流通企业的"国民待遇"政策落到实处的难度较大。

（二）地方保护主义有重新抬头之势

地方保护主义是指政权的地方机构及其成员，以违背国家的政策、法规的方式去滥用或消极行使手中权力以维护或扩大该地方局部利益的倾向和行为。地方保护主义的本质是排挤公平竞争，保护落后。多年来，国家一直致力于消除地方保护主义，明令禁止。但由于我国地区经济发展的不平衡性，特别是财政"分灶吃饭"的管理体制，地方保护主义不仅屡禁不止，而且在近年来又有新的抬头趋势。如安徽省 2008 年出台了"八项措施"鼓励优先使用本省产品。新的地方保护主义名目繁多，五花八门，不胜枚举，但无外乎以下几种形式：一是以扩大内需的名义鼓励本地居民消费本地产品。如杭州市规定"为鼓励消费者购买本地产品，在指定销售点购买彩电、冰箱、洗衣机、手机 4 类本地产品可按面值享受 18% 的优惠，其中财政补贴企业 13%"。二是以扶持本地企业的名义实行地方保护主义，鼓励购买本地产的汽车、钢材、煤炭等，范围越来越大。三是重点工程、重点企业在新购、更新设备招标时优先安排使用本地产品，有的甚至规定了使用本地产品的比例。四是政府采购招标中优先使用本地产品。五是政府发文明确公务消费不得消费外省烟、外地酒、外地菜，违者不予报销，等等。地方保护主义不仅破坏了公平竞争的市场规则，限制了商品的自由流通，造成社会福利损失，而且容易产生官员"寻租"腐败行为。因此，国家应制定相关法

---

① 金泽斐：《工商水电同价政策点评：已在进行中，对盈利影响不大》，http：//stock.stockstar.com/，2012 年 7 月 5 日。
② 荆林波：《中国商业发展报告（2011—2012）》，社会科学文献出版社 2012 年版，第19 页。

律，严格监督执行，彻底根除地方保护主义。

（三）反垄断法执行任重道远

反垄断法是维护公平竞争和市场秩序的重要基石。我国自 2008 年 8 月 1 日实施的《中华人民共和国反垄断法》对垄断协议、滥用市场支配地位、经营者集中和滥用行政权力四种垄断行为的垄断调查和法律责任等方面作出了明确规定。但从反垄断的实践看，执行起来困难重重。当前反垄断执法困难主要表现在以下几个方面：一是我国反垄断立法较晚，经验不足，一些法律条文为定性的原则性表述，缺乏具体判断标准，难以操作。二是反垄断执法力量不足，影响了执法力度。近 3 年来商务部受理的经营者集中案件超过 400 件，审结的只有 114 件，① 占 1/4 强。主要是反垄断调查费时费力、成本高，但人手又严重不足。在查处的垄断案件中最有影响的尚属 2013 年 1 月 4 日发改委对三星等 6 家外资液晶面板企业开出的 3.53 亿元罚单。对这 6 家企业的垄断案件从立法、秘密调查到作出处罚决定就花费了 6 年时间。目前，国家发改委反垄断局只有 30 多人，而欧盟则有几百人负责反垄断事务。我国执法队伍配备不足，势必严重影响执法效果。三是反行政垄断仍是薄弱环节。虽然国家赋予能源、食盐、烟草等行业行政垄断权，但这些行业很容易出现"越界"垄断行为，在这方面的反垄断工作基本上还处于停滞不前、无所作为的状态。四是行政管理体制不顺。国务院虽然成立了反垄断委员会，但其主要职责是组织、协调，具体工作由发改委、商务部、国家工商总局负责，三足鼎立，难以形成合力。

（四）政府职能转变任务艰巨

国务院早在 2008 年印发的《国务院工作规则》中就提出了国务院要全面履行经济调节、市场监管、社会管理和公共服务职能，并对这四项职能作出了具体规定，旨在明确政府职责范围，界定政府边界，解决政企不分问题，规范政府行为，但这些问题在实践中一直没有得到有效解决。就政府行为与市场流通主体行为的关系而言，政府行为中的

---

① 王先林：《我国反垄断法实施的基本机制及其效果》，《法学评论》2012 年第 5 期。

"越位""缺位""乱位"① 等"错位"的现象仍久治不愈，相当顽固。

（1）政府职能越位，干了自己职责范围外的事情。主要表现：一是政府部门与企业、社会中介组织职能界限不清，政府部门过多直接干预微观经济活动。如行政许可和审批项目过多，有的直接干预企业项目决策，流通主体市场准入条框多而又疏于监管。二是越权干预，在地方保护主义方面各行其是，上有政策，下有对策。如有的在项目招商活动中人为抬高外地企业准入门槛，降低本地企业进入条件，采取种种措施排挤外地商品自由流入本地，保护本地落后企业，等等。②

（2）政府职能缺位，种了别人的地，荒了自己的田。主要表现：一是市场监管不到位。现有市场监管机构可谓不少，权力不能说不大，但由于监管不力、执法不严，市场秩序混乱、无序竞争的局面长期得不到有效解决。市场上种种食品安全、商业欺诈等市场乱象说到底是政府没有履行好监管职责和无所作为造成的，严重影响了政府的公信力。二是市场监管立法滞后，如对电子商务等现代营销方式的监管立法尚属于空白状态，以致网上欺诈案件频发，严重侵害了消费者权益。三是重商业性地产开发，轻公益性商业设施建设。如农产品批发市场特别是产地农产品批发市场和农产品电子商务平台在很大程度上属于公益性商业设施，但国家财政和各级政府在这方面支持力度不够，致使农产品市场信息不灵、渠道不畅，"谷贱伤农""菜贱伤农"事件循环发生、此起彼伏。四是政府调节市场供求关系的手段单一，效果欠佳。注重粮棉油等大宗农产品储备制度建设，忽视蔬菜等鲜活农产品储备制度建设，重视农产品生产环节的财政支持，忽视流通环节市场调节的支持，致使农产品价格大起大落，影响了市场稳定和均衡供应。

（3）政府职能乱位，浪费了行政资源，降低了政府效率。一是条块分割的行政管理体制，对不同的产品、不同的流通环节分别由不同的政府部门负责监管，造成监管部门多、政出多门，矛盾多、协调难、协同效应差。二是在市场监管方面，名为各部门"齐抓共管"，实际是人

---

① 陈丽芬：《流通业政府管理职能亟待改变》，《国际商报》2012 年 11 月 14 日。
② 沈荣华：《转变政府职能需要解决深层次问题》，《中共宁波市委党校学报》2009 年第 2 期。

人负责、人人不负责，推诿扯皮在所难免，甚至形成"监管真空"，给不法分子以可乘之机。我国每年都要集中各部门力量开展市场专项检查活动，虽能收到一时的成效，但往往"雨过地皮干"，难以形成市场监管的长效机制。如何克服政府市场监管的随意性、盲目性，实现政府市场监管制度化、法制化、常态化仍是一道亟待研究解决的难题。

当然，"冰冻三尺，非一日之寒"，上述政府职能"错位"的种种表现还有更深层次的原因，从根本上讲是一个体制问题、法制问题、政策问题，因此必须通过继续深化政府行政管理体制改革、加强法制建设来解决。由于此问题已超出本研究的范围，本文对此存而待议。

专题3：韩国流通产业结构变化对内需的影响

千有美[*]

一 绪论

从流通产业[①]发展的历史方面来看，韩国是在乌拉圭回合谈判以后从 1996 年 1 月 1 日起全面开放了国内流通市场，而韩国政府公布了"三阶段流通市场开放计划"，使外资进入韩国流通市场。随着流通产业开放时代的到来，韩国流通产业的结构发生了很大的变化，折扣店和便利店占比不断扩大，开始出现无店铺行业，由此本来韩国零售业的代表传统小规模店铺数量大幅减少。

为了促进流通产业现代化，韩国政府制定了各种政策，废除以前对外资的限制和障碍。1997 年韩国政府发布了《流通产业发展法》，使大型零售业店的开设由许可制改为登记制，大型零售业登记就可以开设。1998 年修改了《吸引外国人投资促进法》，为外国投资扫除障碍。现在韩国流通产业在促进经济增长和社会就业方面发挥了重要作用。

---

[*] ［韩］千有美，经济学博士，研究方向：韩国经济，流通经济。

[①] 本文采用韩国标准产业分类（KSIC）中的流通产业定义，认为"流通产业"是指零售业和产品经纪业、批发业、汽车批发零售业、物流业。但是，因为中国和韩国之间存在着对流通产业认识的差异，所以作者对流通产业在本文中只采用零售业、批发业和汽车批发零售业业态。

1996 年以前韩国流通产业局限于国内市场，但是对外开放后，韩国流通产业发生了重大的变化，世界各国的国际流通企业大量进入韩国市场，特别是那些日本便利店和实行降价战略的美国折扣店，改变了韩国传统流通市场的结构。

研究中国流通产业发展的历史，发现中国的流通产业发展过程与韩国有相似性。改革开放以后，中国零售业开始对外开放，外资对中国零售业的发展产生了影响。特别是外资便利店和折扣店的大型化以及连锁化，引起了传统商业地区的弱化、本土小规模店铺的倒闭和地方政府的经济基础衰弱的现象，出现了传统业态和新业态、大型企业和小型企业之间的矛盾。这种情况与韩国 1996 年开放流通市场时期一模一样。因此，由于韩国流通产业发展过程的结构变化，韩国政府促进流通业发展的政策措施对中国具有一定的借鉴意义。本文通过对韩国流通产业结构变化对内需经济的影响进行分析，给中国流通产业的研究提供参考，对促进中国流通产业的发展具有重要意义。

二　韩国流通产业的结构变化

随着流通产业的对外开放，韩国流通产业发生了流通业态范围的扩大和多样化等重大转变，正在面临着新的发展机遇与挑战。

2010 年，韩国流通企业数为 876654 家，从业人员有 2617891 人，占总服务行业额的 61.4%。随着折扣店（6.7%）、便利店（10.7%）、大型综合零售业（4.2%）数量的继续增加，小规模零售业店铺数量（-3.8%）逐渐减少。从销售额增长率方面看，折扣店的增长率最高，为12.5%；其次是便利店，达到 11.3%。

从 20 世纪 90 年代末期开始，消费者的生活状况发生了变化，趋向核心家庭和 1 人家庭[①]，年轻人成为消费者的主导层，引起了增加少量购买模式以及代收公用事业费等服务多样化现象，结果便利店的企业数和零售额增加了。同时，由于对生活用品实行降价战略，折扣

---

① 最近韩国家庭结构中出现了不婚姻，并没有与父母共同居住的 1 人家庭，其比重为16.5%（2001 年）→19.9%（2005 年）→20.2%（2009 年）。

店增长显著。以破坏价格为竞争战略的新业态的出现，使得传统流通市场改变了结构，流通企业之间的竞争更激烈，百货商店在与新业态的竞争中逐步丧失以前具有的优势。

此外，根据韩国银行经济统计局的统计，2011 年流通业（批发、零售）占 GDP 总量的 7.5%，就业人数是 1417.2 万人，占全国就业总人数的 14.6%。与发达国家相比，韩国流通产业占 GDP 比率偏低，但是占就业比率却高于美国。这意味着韩国流通产业的效率较低，要努力提高生产效率。

总的来说，随着韩国流通市场完全开放，外国流通企业进入韩国，它们利用大规模的资金和优势经营经验重新创造了韩国流通市场的结构。还有新业态的高速成长，给韩国流通产业带来结构上的变化，并开始重建韩国流通市场。下面从销售额、企业数量与从业人员以及销售方式三个方面来看韩国流通产业的结构变化。

（一）销售额

根据韩国统计厅数据，2009 年，韩国流通产业的销售规模为676.7 万亿韩元，比 2008 年实际增长了 2.2%，并占服务产业总销售额的 61.4%，增长了 1%（见表 1）。零售额中所占比重最大的行业是大型综合零售业，2009 年，实现销售额 33.1 万亿韩元；第二是专门经营大型折扣店行业，销售额为 17.5 万亿韩元；第三是纤维、服装、鞋及皮革制品行业，销售额为 12.2 万亿韩元；第四是微型超市，销售额为 8.1 万亿韩元；第五是便利店行业，销售额为 7.3 万亿韩元。其他批发行业、医药品及化妆品行业，占零售总额的比重偏低。虽然韩国流通产业有了发展，其规模也不断增大，但是占服务产业总销售额的比重逐步减少，销售规模的增速也在下降。

表 1　　韩国流通产业的销售额以及占服务产业总销售额的比重

单位：万亿韩元，%

年份	销售额			
	2001	2005	2008	2009
服务产业	610.7	772.4	1060	1103
流通产业	420.3	497.9	662.4	676.7

续表

年份	比重			
	2001	2005	2008	2009
流通产业	68.8	64.5	62.4	61.4

资料来源：韩国统计厅。

从市场份额的变化趋势来看，在韩国流通市场开放以后十年间，便利店和大型折扣店等新业态的零售额增长了，同时微型超市等小型流通业态逐步脆弱。这样的局面（见表1）却导致了韩国流通产业的负增长。

（二）企业数量与从业人员

如表2所示，2009年，经营流通业的企业总共有862千家，与2008年比，增加了0.2%；占服务产业总销售额的36.5%，比2008年减少了0.3%。按行业分，便利店的急剧增长也很明显，2008年有13609个便利店，到2009年增加到15071个。反过来，2009年，165平方米的微型超市一共有8.3万家，跟2008年比，虽然仍是数量最多的行业，但是却只剩下了83954家，减少了3.8%。

2009年流通产业从业人员数是2626千人，跟2008年比，增加了3.2%；占服务产业总销售额的29.8%，比2008年稍微减少了。按行业分，2009年，微型超市行业的从业人员最多，一共有14.4万人；其次是纤维、服装、鞋及皮革制品行业，有11.8万人；第三是大型综合零售业，有8.9万人；第四是折扣店行业，有6.9万人。其中，从事男性服装零售业的人员减少得最多。

表2 　　　　　　　　　韩国流通企业与从业人员数量及其比重

单位：千家，千人，%

年份	企业数				从业人员			
	2001	2005	2008	2009	2001	2005	2008	2009
服务产业	2015	2148	2336	2359	6482	7396	8509	8813
流通产业	835	828	860	862	2316	2370	2545	2626

续表

年份	流通企业				从业人员			
	2001	2005	2008	2009	2001	2005	2008	2009
流通产业	41.4	38.5	36.8	36.5	35.7	32.0	29.9	29.8

资料来源：韩国统计厅。

（三）销售方式

随着信息技术和互联网的发展，韩国已经进入电子商务时代，消费者的购物方式也受到了很大的影响，出现网上销售、电视、电话、邮件销售等新业态，开启了流通产业的新局面。这种环境的变化使购物不受地域的限制，可以随时随地购物。

随着年轻人成为消费的主导层，急速普及无店铺销售方式，网上销售正在大幅发展。韩国统计厅对流通市场的销售方式状况的统计数据显示，利用电子商务的无店铺销售规模占整个零售流通市场的45%，其中，网上销售市场在很短时期内发展起来，2009年，韩国网上销售市场规模占整个零售流通市场的比重仅为8%（见表3）。

表3　　　　韩国零售流通市场的销售方式及比重（2009年）　　　单位：%

销售方式	比重
店铺销售	55
访问销售	13
网上销售	8
电视、电话、邮件销售	9
其他	15
合计	100

资料来源：韩国统计厅。

随着越来越多的消费者熟悉网上购物，目前有些大型零售企业开始自办网上商城，制造企业也开始在网上批发和零售。这可以使商品的价位低于店铺销售，会使无店铺销售快速增长，这样一来韩国的网上购物市场潜力十分巨大。

三 韩国流通产业的结构变化对内需经济的影响

韩国流通产业的结构变化是：第一，弱化微型超市的竞争力；第二，提升大型综合零售业的市场份额；第三，扩大网上销售和电视、电话、邮件销售等无店铺交易。下面从物价、消费、劳动生产率方面来看韩国流通产业的结构变化对内需经济的影响。

（一）物价：销售价格上升率的下降，抑制物价上涨

随着流通产业的发展，出现了像无店铺这样的新业态，使流通业态中提供类似服务的店铺在竞争中逐渐失去了自己的竞争优势，虽然流通业态别变动方向是一致的，但是如表 4 所示，从 2008 年到 2011 年的不变指数①，除了汽车批发零售业以外，零售业和批发业的增长率缓慢下滑。其中，零售业的平减物价指数从 1.0% 下降到 0.03%，折扣店的快速发展正在不断蚕食百货店的销售市场，作为新业态，折扣店的发展减少了流通环节，导致价格下降，为稳定消费物价指数发挥了巨大作用，此结果可以说明韩国流通的结构变化通过各业态别激烈竞争和流通阶段的简化为物价涨速放缓作出了贡献。

表 4   **韩国流通产业业态别不变指数和经常指数**

	年份	经常指数	不变指数
汽车批发 零售业	2008	82.9	82.7
	2009	63.8	62.3
	2010	75.5	72.4
	2011	99.3	93.7

---

① 不变指数 = 经常指数/平减物价指数。

	年份	经常指数	不变指数
零售业	2008	107.6	106.7
	2009	106.6	103.3
	2010	120.3	109.3
	2011	131.3	115.3
批发业	2008	98.2	96.2
	2009	104.8	99.6
	2010	114.3	105.1
	2011	127.2	112.3

注：①以2008年的不变指数为准（100）。

②经常指数＝各月销售额/2008年度的月均销售额。

此外，如表5所示，把韩国零售业态别的价格变动性（标准偏差）分开看，2000年前后，由于百货店（2.54→1.07）、大型综合零售业（2.76→1.59）、折扣店（3.02→1.74）和微型超市（3.19→1.12）的变动性大幅度下降，零售业的销售价格变动性下降了很多（3.05→1.01）。

（二）消费：就业增长率放缓，导致居民消费率下降

零售业的结构变化通过雇用和物价方面影响到消费领域。首先，由于从业人员较多的微型超市的销售额减少和从业人员较少的大型综合零售业的销售额增加，零售业的雇用率下降了（见图1）。

表5 　　　　　　零售业态别价格上升率的标准偏差

年份 项目	1996—2000	2001—2006
零售业	3.05	1.01
百货店	2.54	1.07
大型综合零售业	2.76	1.59
折扣店	3.02	1.74
微型超市	3.19	1.12

资料来源：韩国统计厅。

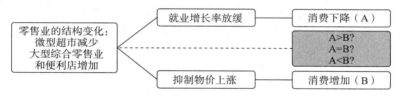

图1 韩国零售业结构变化情况

由于出现大型综合零售业和无店铺等新业态，代替传统的微型超市，引起了零售业的雇用减少，结果消费也减少了。如表6所示，2005年，大概减少了3.9万人的雇用规模，由此降低了收费水平。

表6 　　　　零售业态别销售额单位从业人员　单位：名/10亿韩元

年份 项目	1997	2001	2003	2004	2005
零售业	16.7	11.6	11.0	10.5	9.3
百货店	8.7	1.7	1.8	1.7	1.1
大型综合零售业	—	2.2	2.9	2.7	2.4
折扣店	5.1	5.0	4.9	5.0	4.9
便利店	—	11.7	10.7	11.0	9.0
无店铺销售	39.4	17.7	16.7	15.7	10.7
微型超市	—	16.1	15.1	14.5	13.7

注：销售额单位从业人员＝从业人员/销售额（10亿韩元）。

资料来源：韩国统计厅。

其次，如表7所示，韩国流通产业的结构变化通过激烈竞争和流通阶段的简化稳定物价，结果增加零售额（0.04％p—13％p）。

表7 　　　　　物价稳定销售额增加率 　　　　　单位：％p

2003年	2004年	2005年
0.13	0.09	0.04

注：销售额增加率$_t$＝－14.4×常数项＋就业者增加率－1.31×物价上升率＋0.19×消费者期待指数上升率＋0.37×销售额增加率$_{t-1}$＋ε_t。

资料来源：韩国统计厅。

总的来说，一方面，流通产业的结构变化通过雇用的减少，引起了销售额下降；另一方面，通过稳定物价，引起了销售额增加率的上升，结果如表8所示，放缓了消费增加率。

表8　　　　　由于零售业结构变化销售额增加率变动　　　单位：%

年份	2003	2004	2005
由于减少雇用，消费减少率	-0.37	-0.24	-0.38
由于稳定物价，消费增加率	0.13	0.09	0.04
净减少	-0.24	-0.15	-0.34

资料来源：韩国统计厅。

（三）劳动生产率：临时工等非正式工的比例上升，对劳动生产率造成负面影响

劳动生产率是指劳动者在一定时期内创造的劳动成果与其相适应的劳动消耗量的比值。韩国流通产业的劳动生产率1993—1995年年均增加了1.4%，而1996—2005年年均增加了2.0%以上。

虽然流通产业的劳动生产率与通信行业、金融保险行业以及制造业相比较低，但是与食品饮料行业、不动产服务行业、教育服务行业和保健福利行业相比较高。

从业态别生产率上看，百货店和大型综合零售店大幅提高了21.6%、6.2%（年均），无店铺销售和微型超市小幅提高了1.6%、1.2%（年均）。另外，折扣店和便利店各下降了3.3%、1.5%（年均）（见表9）。便利店劳动生产率下降的原因在于非全日以及临时工的比例上升。

表9　　　　　　流通产业从业人员人均增值　　　单位：百万韩元

年份	1997	2001	2003	2004	2005
零售业	33.4	51.3	33.8	36.8	47.3
批发业	13.7	19.8	15.2	15.7	22.7
百货店	14.1	78.1	73.4	86.2	171.0
大型综合零售店	—	54.6	38.8	35.5	69.4

续表

年份	1997	2001	2003	2004	2005
折扣店	27.9	36.3	21.7	22.8	31.8
便利店	—	19.9	13.7	14.8	18.7
无店铺销售	8.3	13.7	9.6	9.4	14.6
食品饮料及烟草店	—	17.4	13.2	13.7	18.3
汽车批发零售业	32.3	50.1	32.0	29.9	40.6

注：流通产业从业人员人均增值 = 人力费 + 营业利润（销售额 - 销售成本 - 管理费用）/从业人员。

资料来源：韩国统计厅。

四 韩国政府促进流通业发展的政策措施

为了促进韩国流通产业发展，自 2005 年 12 月 23 日起，韩国知识经济部全面修改《流通产业发展法》，具体政策方向是：①提高流通产业的生产率（业态之间的均衡发展）；②促进流通产业国际化；③强化流通产业发展基础等。

（一）提高流通产业的生产率（业态之间的均衡发展）

微型超市的人均增值大概是百货商店的 1/9、大型综合零售业的 1/4。如表 10 所示，微型超市的生产率较低的原因是在激烈竞争环境下，在设施和服务方面，跟百货商店和大型综合零售业相比较为落后。

因此，为了提高这些微型超市的生产率，目前最需要创建停车场，还有安装销售点终端（POS），给客户提供便利。目前韩国政府对微型超市的环境进行了改善，越来越扩大支持规模，根据韩国产业资源部的数据，其规模是 816 亿韩元（2002 年）→1058 亿韩元（2005 年）→1478 亿韩元（2006 年）→1906 亿韩元（2007 年）。

微型超市自己也以行会（商店街振兴组合）为中心，利用对微型超市环境进行改善的政府支持，从而不断改进服务。它们正在努力提高竞争力和服务满意度以及顾客便利性等，在软件方面努力去做。例如，通过提供住宅配送服务、发行购货券、合适陈列产品、完善售后服务（退换货）等提高服务的品质和效率，力求使消费者更满意。

另外，为了保护传统市场，在 2010 年 11 月 24 日对《流通产业发展法》进行了修改，增加了保护传统商业保存区域的规定，对大型综合零售业进行限制，就是在传统商业保存区域内登记大规模店铺或准大规模店铺要受到限制，开设大规模店铺或者在传统商业保存区域内开设准大规模店铺的企业开始营业之前得向市长、郡守、区厅长登记（到 2015 年有效）。

而且，韩国政府 2012 年 1 月 7 日对大规模店铺营业时间进行限制（《流通产业发展法》第 12 条），为了促进大规模店铺和中小流通业的均衡发展，市长、郡守、区厅长认为需要对大规模店铺进行限制，可以限制营业时间或者指定营业休息日，使大规模店铺一日到两日之内不营业。

总之，韩国政府的流通关联政策要向提高中小零售店铺生产效率和强化对大规模店铺进行限制的方向转变。

（二）促进流通产业国际化

根据经济全球化新形势应该通过企业的大型化实施"走出去"战略，实施"走出去"战略对调整国内产业结构、获取先进技术和突破贸易壁垒等具有重要意义，以自己的比较优势重组海外产业和企业，主动参与国际合作与竞争，以获得市场份额和技术开发能力。目前，韩国流通企业的 140 多个店铺在海外，其中连锁店 126 个、大型零售店 11 个、百货商店 5 个等[①]。可是，全球 100 强零售企业中只有 1 个韩国流通企业，就是乐天集团，韩国流通企业为了成长为全球流通企业，在内需市场逐步扩大的同时，须推进拓展海外市场。韩国政府在 2008 年 2 月 29 日修订案中规定，为了支持流通企业的海外拓展活动，采取以下几个方面的措施。

首先，韩国政府提供信息咨询服务以及收集信息的有效流通渠

---

① 参考韩国银行调查局产业地区部的发表内容，2007 年。

道，专门设立了 KOTRA（Korean Trade and Investment Promotion Corpo-ration，大韩贸易投资振兴公司）等海外投资调查部，让它们收集有关各个国家的经济政策、法律、市场及税收方面等情况，总共有115个机构，向各个企业提供详细的信息资料。2008年修订的《流通产业发展法》第25条规定，韩国政府可以在预算的范围内对流通关联国际标准化、共同调查和研究、技术合作等方面给予全部或者一部分财政支持，而且为了促进流通产业国际化，提供共同购买和建立共同销售网等共同合作工作，并努力举行国际博览会等研讨会。

其次，韩国政府为中小流通企业建立了海外直接投资风险的新保险体制。韩国为了减少企业海外投资的风险，已经建立了各种制度，例如利用出口保险公司来保证以及利用进出口银行给拓展海外市场的企业提供优惠贷款，并利用经济发展基金提供信贷等。韩国政府积极推行有关中小流通企业的扶持政策，比如制定促进中小流通企业开发的法律，为中小流通企业在海外投资提供指南，免得中小企业遇到风险。

另外，韩国政府最近通过建立两国间双边投资保护协定来保证投资海外的企业的安全。目前韩国与许多国家签订了协定，使韩国企业获得与投资国家企业的同样待遇，最近为了减少更大的投资风险和面临的不确定因素，建立了两国间双边投资保护协定，对拓展海外市场的流通企业予以合适的支持，如在税收和外汇等方面。

（三）强化流通产业发展基础

虽然韩国流通产业的物流技术和管理水平越来越高，但是发展的速度较慢，物流成本仍然较高。因此，韩国政府为强化流通产业的发展基础，于2008年2月29日修订了《流通产业发展法》，通过物流共同化、流通标准化及信息化，解决物流系统不经济或低效率的问题，这样不仅能够节约企业物流成本，也提高了物流供应效率和质量。

韩国政府2006年已经为第三方物流的发展制定了《特例限制税法》，选择第三方物流方式的流通企业，就是卖出自身物流设施或者物流营业部的企业获得所得税优惠。加上在2008年修改的《流通产业发展法》第 29 条规定，为了促进物流共同化，知识经济部长官可以指定共同配送工作中心，使用共同配送工作中心的企业根据此法第31 条，可以获得资金支持。另外，为了促进流通的标准化和信息化，通过物流设备认证工作，鼓励利用和普及国家质量体系认证，支持跟此有关的研究开发投资工作。

还有，为了改善零售和批发业的高成本物流结构，韩国政府《流通产业发展法》第 23 条规定，在预算范围内对培养流通知识高素质的流通专业人才给予一定的财政支持，主要建立包括研究生、本科生等学生和物流企业员工等在内的多层次的物流专业教育体系，及从业人员的再教育和驾照管理制度（流通管理师）。同时，政府已经认识到一个有效的人才培养战略不仅有助于保证企业的发展，而且有助于增强国家竞争优势，因此还鼓励流通企业建立企业内部的员工考核制度，准确地评价员工的工作并用于考核和培训。

另外，韩国政府对大规模店铺的不公平商业行为实施监督和管理。这里指的不公平商业行为主要是企业之间的，不是企业和消费者之间的损害消费者利益的不公平商业行为，尤其是大规模店铺对中小企业强制退货以及让跟大规模店铺交易的中小企业负担新产品促销费等。政府为了禁止这种现象，根据在 2010 年 11 月 24 日修改的《流通产业发展法》第 36 条成立了流通纠纷调整委员会，对不公平商业行为进行投诉。

五　结语

从流通产业发展的历史方面来看，韩国是在乌拉圭回合谈判以后从 1996 年 1 月 1 日起全面开放了国内流通市场，而韩国政府公布了"三阶段流通市场开放计划"，使外资进入韩国流通市场。随着流通产业开放时代的到来，韩国流通产业的结构发生了很大的变化，不断增加折扣店和便利店的数量，并且出现无店铺行业，由此韩国零售业的代表——传统小规模店铺数量大幅减少。

消费者的生活状态也发生了变化，出现核心家庭和 1 人家庭的趋势，年轻人成为消费者的主导层，引起了增加少量购买模式以及代收公用事业费等服务多样化现象，结果便利店的企业数和零售额增加了。同时，由于对生活用品实行降价战略，折扣店增长显著。以此破坏价格为竞争战略的新业态的出现，改变了传统流通市场的结构，流通企业之间的竞争更激烈，百货商店在与新业态的竞争中逐步丧失以前具有的优势。

以上所说韩国流通产业结构变化即是：第一，弱化微型超市的竞争力；第二，提升大型综合零售业的市场份额；第三，扩大网上销售和电视、电话、邮件销售等无店铺交易。

韩国流通产业的结构变化对物价、消费、劳动生产率等内需经济将产生重大影响。

第一，从物价方面看，折扣店的快速发展正在不断蚕食百货店的销售市场，折扣店的发展减少了流通环节，导致价格下降，为稳定消费物价指数发挥了巨大作用，结果是韩国流通的结构变化通过各业态别激烈竞争和流通阶段的简化对物价稳定作出贡献。

第二，从消费方面看，零售业的结构变化通过雇用和物价方面影响到消费领域。由于从业人员较多的微型超市的销售额减少和从业人员较少的大型综合零售业的销售额增加，零售业的雇用率下降了。大型综合零售业和无店铺等新业态的出现，代替了传统的微型超市，引起了零售业的雇用减少。

总的来说，一方面，流通产业的结构变化通过雇用的减少，引起了销售额下降；另一方面，通过稳定物价，引起了销售额增加率的上升，结果是消费增加率放缓。

第三，从劳动生产率方面看，对劳动生产率的流通产业贡献率上升，百货店和大型综合零售店大幅提高了，折扣店和便利店稍微下降了，便利店劳动生产率下降的原因在于非全日以及临时从业人员的比重上升。

如上所述，韩国流通产业对扩大内需经济的作用主要在稳定物价、促进消费和增加社会就业方面，为了扩大内需，首先努力确保规模经济，降低流通成本，通过流通经营的科学化和信息化提升流通效率。而且，为流通产业发展建设社会基础设施，包括支持知识经营资源。

由此，为了促进韩国流通产业发展，韩国知识经济部自2005年12

月 23 日起全面修改《流通产业发展法》，其具体政策方向是：①提高流通产业的生产率（业态之间的均衡发展）；②促进流通产业国际化；③强化流通产业发展基础等。

韩国政府对流通产业制定了一系列鼓励政策，主要表现在：第一，流通结构的先进化以及促进流通功能的效率化。第二，保护消费者的合法权益不受损害。第三，实现地区和业态之间的流通产业均衡协调发展。第四，通过改善中小流通企业的结构和提升其竞争力，创建和谐的流通环境。第五，通过改善产业结构，提高国际竞争力。第六，成立流通纠纷调整委员会，确保商业交易秩序以及监测不公正竞争行为。

总之，随着韩国流通市场的完全开放，外国流通企业进入韩国，它们利用大规模的资金优势和经营经验重新创造了韩国流通市场的结构。还有新业态的高速成长，给韩国流通产业带来结构上的变化，并开始重组韩国流通市场，韩国流通产业发生了流通业态范围的扩大化和多样化等重大转变。同时，流通产业本身在经济发展上具有产业基础作用以及对扩大内需的先导作用，国际经济危机迫使韩国重新重视内需市场，从外需向内需转变，韩国流通产业正在面临着新的发展机遇与挑战。

参考文献

［1］白津夫：《坚持扩大内需战略　促进经济内生增长》，《北京经济管理职业学院学报》2011 年第 1 期。

［2］刘伟：《宏观调控与中国经济持续增长》，《经济界》2005 年第 5 期。

［3］姜作培：《扩大消费：经济发展方式转变的理性选择》，《福建论坛》（人文社会科学版）2008 年第 6 期。

［4］张晓晶、常欣：《扩大内需的历史经验与政策建议》，《中国金融》2008 年第 24 期。

［5］史明霞：《当前扩大内需刺激消费的实现途径》，《北京工商大学学报》（社会科学版）2009 年第 3 期。

［6］余斌、陈昌盛：《扩大消费需求与推进发展方式实质性转变》，《中共中央党校学报》2010 年第 6 期。

［7］尹世杰：《略论优化消费结构与转变经济发展方式》，《消费经济》2011 年第 1 期。

［8］朱一勇、毛中根：《扩大内需政策的效率审视》，《中央财经大学学报》2008 年第 4 期。

［9］樊纲：《扩大内需关键在于解决收入结构失调》，《价格与市场》2009 年第 9 期。

［10］周叔莲：《改革分配制度才能扩大内需》，《中国流通经济》2010 年第 11 期。

［11］魏杰：《当前启动内需与宏观经济政策的着重点》，《税务研究》2009 年第 5 期。

［12］ 郑新立：《增强消费对经济增长的拉动作用》，《求是》2006 年第 9 期。

［13］ 董藩：《对 1998 年以来扩大内需政策的回顾及评价》，《税务纵横》2003 年第 12 期。

［14］ 胡鞍钢：《关于利用"扩大内需"加快林业建设的建议》，《林业经济》2009 年第 2 期。

［15］ 邢玉升、褚良子：《基于马克思消费理论视角的我国扩大内需分析》，《求是学刊》2010 年第 6 期。

［16］ 贾晓琳：《加速商品流通促进消费扩大内需》，《商业经济》2011 年第 9 期。

［17］ 王东京：《坚持扩大内需、特别是消费需求的难点与对策》，《理论视野》2011 年第 1 期。

［18］ 刘世锦：《以结构调整带动扩大内需》，《宏观经济研究》2002 年第 1 期。

［19］ 卢嘉瑞、王智刚：《扩大内需应坚持投资与消费"双拉动"》，《长春市委党校学报》2003 年第 2 期。

［20］ 戚义明：《改革开放以来扩大内需战略方针的形成和发展》，《党的文献》2009 年第 4 期。

［21］ 汤五云：《扩大内需要重视供给的作用》，《湖南工业大学学报》（社会科学版）2000 年第 4 期。

［22］ 杨继国：《对当前实施"扩大内需"战略的理性思考》，《福建行政学院学报》2009 年第 4 期。

［23］ 唐兵、冯超：《关于扩大内需的研究观点综述》，《经济纵横》2007 年第 11 期。

［24］ 汪同三：《扩大内需：政府切莫孤军作战》，《新经济》1999 年第 6 期。

［25］ 文启湘、张慧芳：《论构建扩大消费的长效机制》，《消费经济》2011 年第 1 期。

［26］ 《中共中央关于制定国民经济和社会发展第十二个五年规划的建议》，《今日新疆》2010 年第 21 期。

［27］ Baumol J. W. ，"The Two – sided Cost Disease and Its Frightening

Consequences", *Chapters*, 2015.

[28] José A. , "Camacho, Manuel Hernández – Peinado. Family, life Cycle and Consumption of Services: The Spanish Case", *Service Industries Journal*, 2009, 29 (9): 1293 – 1310.

[29] Li J. , "A Qualitative and Quantitative Analysis of the Consumption Structure of Services", *Service Industries Journal*, 1991, 11 (1): 18 – 35.

[30] Thomas I. Palley. , "The Relative Permanent Income Theory of Consumption: A Synthetic Keynes – Duesenberry – Friedman Model", *Review of Political Economy*, 2010, 22 (1): 41 – 56.